和珅的錢，到底是從哪裡來的？

解密一個商人，一個巨富，一個名字叫和珅的「華商」致富祕訣

《亞洲華爾街日報》做過一個統計，評選出在過去一千年來，全球最富有的五十人，而和珅名列其中，他的家財總計達到八億兩。和珅所積蓄的財產居然是政府十年總收入還多。即使法國的路易十四，其私產也不過二千餘萬兩，而和珅是他的四十倍。在法國做一個皇帝，還不如在大清國做一個宰相。

和珅

一個非常有錢的人

和珅最成功的地方，應該說不是政治，而是他的致富之道。

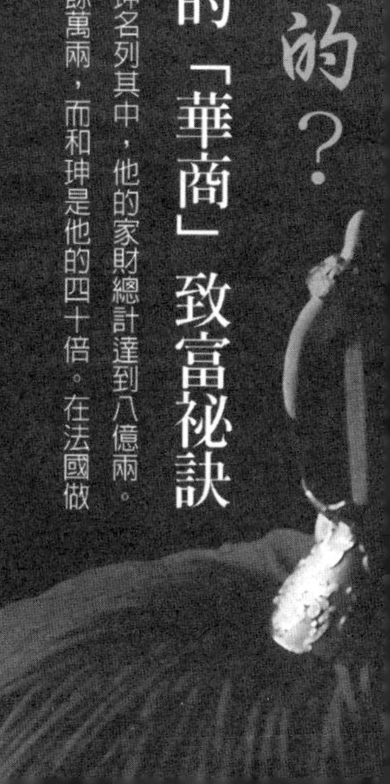

——蜀南麥子◎著

楔子：巨富到底有多富？

二〇〇一年，《亞洲華爾街日報》做過一個統計評選，評選出在過去一千年來，全球最富有的五十人。這其中僅有六名是中國人，出現時間前後橫跨八百年，分別是成吉思汗、忽必烈、和珅、太監劉瑾、清商人伍秉鑑、宋子文。其他人按下不表，單指和珅，該報報導說其財產高達二億二千萬兩。和珅究竟有多富呢？

根據《清朝野史大觀》中說：在和珅專權的二十餘年時間裡，其家財總計達到八百兆兩（即八億兩），甚至更多。甲午庚子兩次戰爭賠款的總額，僅和珅一人的家產就可以抵擋了。和珅做了二十年的宰相，他積蓄的財產竟然是政府二十年總收入的一半還多。即使法國的路易十四，其私產也不過二千餘萬兩，而和珅是他的四十倍。在法國做一個皇帝，還不如在大清國做一個宰相。

很多人對和珅財產的具體數字表示質疑，其實，我們根本沒有必要糾纏和珅的財產多寡問題。歷史上的和珅，除了有名的「貪」以外，還有許多不為人知的地方，他是一個商業奇才：他在全國都有商鋪，並且進行連鎖經營；他的店鋪選址一般都很考究；他從事長途販運，注重服務於顧客；他的經營眼光獨到……他最成功的地方，應該說不是政治，而是他的致富。因此，在本書中，我們將試圖去尋找一個商人，一個成為巨富的、名字叫和珅的「華商」的致富軌跡。

目錄

致富秘訣之七：經營理念出新招

附錄：和珅年譜

致富秘訣之一：做好成為巨富的準備

有機構做過一份有趣的統計，發現世界上有近八成的巨富都曾只是平凡家庭的一員，他們之中多數既沒有富爸爸，也不曾娶到富家女或嫁給「二世祖」，有些人甚至曾經一貧如洗，境況窘迫。

他們是怎樣變成富翁的呢？近距離看他們的成長經歷和致富軌跡，你會發現，他們付出了比普通人更多的辛勞與心思，打造了一般人不容易撼動的財富基礎，特別是對自身的財富素質的鍛造，完善性，預見性與持續性均為一流，和珅便是一個很好的例子。和珅大約九歲開始念書，二十幾歲發跡，在這段時光中，他到底學了些什麼，為自己將來成為巨富做了哪些準備呢？

沒考上大學的貧窮貴公子

要以學歷論，和珅是怎麼也排不上位的。史書記載：和珅「少貧無藉，為文生員」，儘管少時的他也曾就讀過當時的一流學府——咸安宮官學，但此後的求學路卻頗多坎坷。古人云：「艱難困苦、玉汝於成。」非凡之人在平凡時與凡人也是並無二致的，只是經過艱辛生活的磨礪，更能悟透生活的真諦。

《清史稿》記載，和珅出生於旗人之家，但祖上並沒有得過什麼高官厚爵，僅憑高祖尼牙哈在戰場上的勇猛，掙下一個可以世襲罔替的三等輕車都尉。和珅的父親名常保，除了承襲世職外，在和珅出生那年又升任副都統。與尋常百姓家相比，和珅家當時的家境應該是富足的，但在京城的滿清貴族群中，卻遜色不少，和珅也就並沒有過上王孫公子的奢華生活。尤其在生母過世後，少年和珅只能向外祖父討要花銷所需的銀兩，個中屈辱的滋味給他留下深刻的印象。

所幸的是，和珅的父親常保雖說是旗人，但亦算得上滿清貴族中的儒士，對子女的教育看得較重。和珅兄弟還是幼年時，常保就請了私塾先生到家中授課，因此和珅的才華在同齡人中已屬上乘。加之父親常保滿洲正紅旗的出身以及福建副都統的任職資格，和珅十歲那年就跟弟弟和琳一起進入咸安宮官學學習。

咸安宮官學位於西華門內，是一所創建於雍正年間的八旗官學，其教習皆為進士或擇優錄取的舉人，是那時專擇取八旗子弟俊秀者的皇家學院，也可以說是當時最大的一個知識的海洋，官學內不但有經史子集，而且還有漢、滿、蒙、藏等各種的語言課程，當然也有八旗子弟不可缺少的騎射和火器。

在如此高規格學府中，聰明的和珅如魚得水，孜孜不倦地汲取知識，整日沉浸在儒家經典之中，對經史子集多有所涉。屬於當時官學中品學兼優的學生，受到他的老師、當朝名士吳省蘭的賞識。

所謂福無雙至，正當和珅滿懷信心努力學習之際，從福建傳來噩耗，父親常保身染疾病不治而亡。為官一生卻清貧廉潔的父親，幾乎沒有留下什麼家產，和珅兄弟只能和父親的小妾們一起生活。然而大樹已傾，猢猻皆散，沒有了父親，小妾們自身難保，誰還顧得這兩個小人兒？

和珅兄弟二人孤苦相依，為了生計讓僕人劉全駕車帶著他到處借貸度日，受盡欺辱，飽嘗人間冷暖。在王孫貴族如雲的咸安宮官學內，兄弟二人就更是屬於弱勢，常常遭受歧視與侮辱，就連一些翰林教習也是狗眼看人低的經常莫名訓斥和打罵他們。在這樣困頓低賤的生存環境中，和珅身上那些傳統士大夫人格逐漸剝落，追求虛無的清高與仁義道德已經不能讓他看到希望與未來，生活的殘酷讓他一次次確認，只有財富與權力，才能讓他擺脫困境，才能讓他贏得尊重，才能具備支配他人的權利！可惜，時運不濟，和珅在科舉考試中失利，並沒有如願被錄取到文官行列。但就是這個沒有考上大學的貧窮貴公子和珅，在經歷了痛苦的人生遭遇後，卻並沒有消沉，相反的，逆境更加激發了他與命運抗爭的鬥志，使他逐漸練就了一身富貴子弟所不具備的堅韌品格，為他日後超強的聚財本領打下了堅實的基礎。

堅強獨立，厚積薄發

放眼成功者的經驗，會很清楚地看到，取得成功的人首先需要具備堅強的意志，敢於面對慘澹的人生，不會被任何的艱難困苦嚇倒；同時還需要有自己的想法和見解，保持獨立完整的人格，尊重自己的人，才會得到別人的尊重。

用尋常的眼光看，和珅是不幸的，年幼便被迫挑起生活的重擔，四處舉債，遭受欺凌；但從另外一個角度，和珅又是幸運的，孟子曰：「天將降大任於斯人也，必先苦其心志，勞其筋骨，餓其體膚，空乏其身，行拂亂其所為，所以動心忍性，增益其所不能。」在生活的磨難面前，如果可以鎮靜面對，不放棄理想，堅持為實現目標認真儲備，並且在這個過程中，逐漸形成卓爾不群的獨立人格與思想，磨難就會演變成一筆無形的財富，和珅正是在人生的磨難中為自己掘到了創富的「第一桶金」。

幼時喪母，少年失父，家境中落，一波又一波的打擊落到和珅尚顯稚嫩的肩上。儘管在咸安宮官學內，和珅兄弟學業出色，才智過人，但官學中的學員，個個非富即貴，多數人都有顯赫的家世，這也代表著他們將來的顯赫地位，因此學員中拉幫結派，與他們官場上相互爭鬥的父輩沒有兩樣。和珅兄弟身處其中如同汪洋中漂浮夾雜的小舟，既要小心謹慎，又必須堅強面對。

在和珅求學時期，某天，他在官學的同學寫了一首罵老師的詩，還惡作劇地在落款處題上和珅的名字，並且交給老師。老師一看，很生氣，他心裡清楚這絕不會是和珅所為，但這個學員的父親在朝中位居高官，不是自己惹得起的，兩相權衡也只能拿沒有家世背景的和珅出氣，於是拿起一尺長的戒尺對著和珅一陣亂打。戒尺一下下打在和珅的身上，鑽心的疼痛讓和珅更清楚地看到權力的重要性。和珅知道，在這所學校裡自己能做的就是忍耐和堅強，為了將來的出人頭地，現在的要務是努力學習而不是與之對抗。面對困境，要泰然處之，否則沒有辦法改變命運。

抱定忍耐的毅力和堅強的信念後，師長的輕視和同學的欺辱對和珅而言已不再是困頓，他遊弋在知識的海洋中，樂此不疲。在學習滿文的同時還深入鑽研漢學。清朝是中國歷史上外族統治中原的典型之一，從統治者的角度出發，是大力提倡學習漢人著作的，但下面的官員多數不以為然，他們認為現在的江山是馬背上打下的，學漢人的文化沒有用。因此，儘管清朝從一入關就開始科舉考試，一直到一九〇五年取消科考，每三年都會錄取一批進士，但翻遍《清史稿》，考中進士的滿洲人為數不多，在乾隆朝，就只出了一個阿桂。和珅作為滿洲後代，能在這樣的環境中，對漢文化孜孜以求，認真學習實屬不易。他尤其喜歡讀儒家經典，奉為圭臬，這為他日後受到乾隆皇帝的青眼有加奠定了學識的基礎。

除此之外，和珅還獨闢蹊徑地選擇了學習蒙語和藏語兩種少數民族的語言，單從這一點也可以看出他的不同一般。滿洲雖說入主中原了，但要統治一個以漢族為多數的國家，勢必要團結和拉攏周遭的少數民族，也就會頒布相關政令，要求生員們瞭解掌握蒙、藏等少數民族的語言和文化。但因其比漢文更加繁複，滿洲人中學習的少之又少，漢人中更是如此。和珅的認知偏偏不同，因為他太清楚這個社會需要的是什麼，主觀上不能改變的，他要用客觀上的勤奮去補足它！

當然，和珅在咸安宮官學裡的收穫遠不只此。正值壯年的乾隆對於培養國家未來人才的官學歷來重視，咸安宮官學裡的翰林教習們因而有幸時常受到這位繼康熙大帝後清朝又一個聖明賢君的耳提面命，回到學堂也就免不了在學生們面前炫耀誇讚一番。正所謂「說者無心，聽者有意」，當別的學員都只是附和著一起誇讚聖上時，早已將人生目標明確定位在儘快向權力和財富靠攏的和珅卻做了個「有意人」。他總是很認真地記載下老師們描述的皇上的事蹟和言行，課業之餘用心研究和揣摩，從中總結出乾隆的喜好跟憎惡。與此同時，他還利用種種管道，四處尋找乾隆的詩作，反覆地誦讀、理解，下功夫臨摹乾隆的筆跡。在和珅心裡，自己不一定百分百會碰到皇上，但如果不做充分的準備，差之毫釐，就會失之千里！

一個人在成功的路上能走多遠，跟他的視野開放度有絕對的關聯，後來的無數事實證明，和珅的確是很有眼光的。

珍惜機會，爭取上位

唐代的韓愈在〈雜說〉裡言：世有伯樂，而後有千里馬。以當下的觀點來看，這話應該有些新解。千里馬就是千里馬，沒有伯樂也照樣是千里馬。只是如果能有伯樂的發現和賞識，「千里馬」們可以走捷徑，更快地發揮出來。正因為具備了「千里馬」的要素，和珅才在機會來臨時拔得了頭籌，在通往創富人生的道路上邁出更為堅實的一步。

這一年的咸安宮官學內，時常出現一個老人健碩的身影，他，就是時任內務府大臣的英廉老先生。

英廉其人，按照《清史稿》記載是「內務府漢軍鑲黃旗人，雍正十年舉人。」，「《御製八旗滿州氏族通譜》又明文記載，說他是鑲黃旗包衣旗鼓人馮士勇第六世孫，世居東北瀋陽地方，何時歸順清朝先祖已不可考。英廉從小聰明好學，知書識禮，奮發上進。在雍正十年（西元一七三二年）考中舉人後，便開始做官，歷任筆帖式、江南河工學習、淮南府外河同知、永定河道、內務府正黃旗護軍統領、江寧布政使兼江寧織造、戶部侍郎、內務府大臣、刑部尚書、正黃旗都統、協辦大學士、直隸總督、東閣大學士，並加太子太保等職。

只看這一堆官職也知道這個人物在乾隆朝是相當有分量的重臣，他時常到咸安宮官學視察，並詳細問詢官學的情況，關心每個學員的學習成績甚至生活起居，其用意究竟為何呢？

原來，英廉膝下一子一媳先後早逝，只留下一個女兒，老人家心疼孫女，精心培養，寵愛有加。眼看著小女生一天天長大，英廉開始操心起孫女的婚事。咸安宮官學內多是青年才俊、王孫貴族，他的眼光自然聚集到這邊，希望可以從中為孫女覓得佳婿，成就一段好姻緣。

經過一番長時間的考察和細微處的審看，和珅進入英廉的視線。在英廉看來，和珅具備了幾乎所有成為英氏一族孫女婿的條件：一表人才，天資聰穎，才華出眾，小小年紀已懂得收斂，沒有一般八旗子弟的張狂，也無純粹讀書人的酸腐，不驕不燥，老成持重，在眾多官學學員中時常顯露出成熟與幹練的一面。這樣的年輕人前途不可限量，日後必能飛黃騰達。於是，英老先生開始透過多方管道、以多種名目資助和珅，還專門安排和珅與官學中另幾位優秀人才到英府，為自己花園中新修的亭閣題匾額。

對英廉英大人的所為，旁人或許還有些不解，但和珅自己心裡卻如明鏡一般。他很快就感覺到這是自己人生中難得的好機會，但是他把這樣的激動深深壓在了心底，毫不動聲色，對英廉施予的賞識，從容又不失有度，盡全力地展現自己的才華，讓英廉下定了決心把孫女嫁給他！更重要的是，因為有了英廉在物質和精神兩方面的支持，和珅得以順利完成他在咸安宮官學的學業。

乾隆三十三年（西元一七六八年），和珅十八歲，在英廉的主持操辦下，與英家孫小姐成婚。正所謂「家和萬事興」，和珅娶到的這位馮氏夫人，自幼受到爺爺的悉心教導，知書達禮，賢淑溫良，全然沒有官宦人家大小姐的驕橫霸道。與和珅成婚後，處處為夫婿著想，很是體貼。有了自己和美幸福的家庭，和珅在官學裡的學習就更加安心了，一匹千里馬自此揚蹄！

有勇有謀，敢打敢拼

成功絕非一日即達，財富不是瞬間可得，態度與方法決定最後的結果。通往成功與財富的路上，兩種人會贏：勇敢與智慧。

和珅在婚後第二年，參加了順天府試，但躊躇滿志的他沒能在科考場上繼續風光。清朝的考試制度延續的是從漢代就開始的科舉制，僅以《四書》、《五經》為考試內容，更為奇特的是，從明朝起，規定以朱熹的《四書集注》為標準答案，應試者不准有自己的獨立新解釋。這一下，讓原本就特立獨行的和珅很不適應，名落孫山也就成為很自然的事。

科舉考試失利後，和珅沒有如同世俗文人一樣繼續寒窗苦讀，準備第二次衝刺，也沒有依附妻子的爺爺，找門道謀個一官半職，而是選擇接受了世襲，棄文從武。和珅以清貧之身與英廉這樣的高官之族聯姻，他不希望自己生活在妻子娘家的陰影下，雖然英廉很欣賞他，但長久如此難免抬不起頭，一定要自己出頭了，才是安身立命的王道。世襲的三等輕車都尉雖然只是正三品官員，卻可以享受歲俸一百六十兩白銀，還有八十石米，相對說來是比較豐厚的收入，足以讓和珅供養妻小，扶持弟弟和琳繼續求學。

三年之後，即乾隆三十七年（西元一七七二年），和珅又迎來了一次機會，碰上宮中尚虞備用處挑補侍衛。所謂尚虞備用處，在《清史稿・志九十二》中列在侍衛處，又稱黏竿處，簡單講就是皇家的儀仗隊，負責皇上出巡之時扶輿、擎蓋、罟雀之事。和珅相貌英挺，加之作為關外滿洲後代，也有些功夫在身，被挑補選中也就是理所當然的事。

尚虞備用處的侍衛說清閒相當清閒，因為皇上並非天天外出；但只要皇上外出，做這個差事的人就是最接近皇上的。古訓有「伴君如伴虎」一說，因此越是接近皇上的人，越小心謹慎，多數侍衛都是唯唯諾諾，少言寡語，深恐稍有差池惹惱聖上。唯獨初初進入的和珅不這麼想，接近乾隆時，他的表現一直大方得體，該是什麼樣就什麼樣，很陽光，也很向上，他在耐心地等待機會。

在清人陳康祺的《郎潛記聞》一書裡記載了這樣一段：「一日，警蹕出宮，上偶於輿中閱邊報。有奏要犯脫逃者，上微怒，誦《論語》『虎兕出於柙』三語。扈從校尉及期門羽林之屬咸愕眙，互詢天子云何。和珅獨白：『爺謂典守者不得辭其責耳（凡內臣稱皇上皆曰老爺子，或曰佛爺）。』上為霽顏，問：『汝讀《論語》乎？』對曰：『然。』又問家世、年歲，奏對皆稱旨。自是恩禮日隆。」

「虎兕出於柙」語出《論語‧季氏篇第十六》，乾隆當時誦讀的後兩句是「龜玉毀於櫝中，誰之過歟？」，意為：老虎、犀牛從籠裡跑出來，龜甲、玉器在匣裡毀壞了，這是誰的過錯？和珅回應的那句「典守者不得辭其責耳」亦出自《論語‧季氏篇第十六》，只是原文是「辭其過」，和珅機敏地將之置換為「責」，一字之差卻足以顯示他的應變能力和深厚功底。這應該算是史書上記載的對和珅發跡的說法之一，其他版本所述雖有些差異，但凡此種種皆說明了一個問題：和珅首次進入乾隆視野就以其機敏、沉著、學識和才情在乾隆皇帝的腦海刻下了較深的烙印。

一個人的才華只有顯現出來，讓別人知道，才能成就事業，達成目標。同時，機會與風險往往是並存的，想要把握機會，必須勇於承擔由此可能帶來的風險，充分準備，一往無前，畏手畏腳的人只會看著大好時機在眼前溜走，時機只會青睞那些勇敢的人。

接下來的日子，和珅更是「春風得意馬蹄疾」，很快晉升為乾隆的貼身侍衛，並充分利用一次又一次跟皇帝接近的機會展示自己，在一次特殊的考試中，讓乾隆龍顏大悅，立時封官賞爵。

根據清朝民間史書《歸雲室見聞雜記》記載，和珅「扈從上幸山東，上喜御小輦，輦駕騾，行十里一更換，其快如飛。一日，和珅侍輦旁行，上顧問：『是何出身？』對曰：『生員。』問：『汝下場乎？對曰：『庚寅（一說戊子）曾赴舉。』問：『何題？』對：『〈孟公綽〉一節。』上曰：『能背汝之文乎？』隨行隨背，矯捷異常。上曰：『汝文亦可得中也。』其知遇實由於此。」

乾隆可能是古代皇帝中最喜外巡的一個，常常輕車簡出，《歸雲室見聞雜記》中這段記述的這段就是和珅跟隨乾隆出巡山東的情形。坐在轎中的乾隆旅途無事，想找個人聊天，緊跟轎邊快步如飛的和珅就派上了用場，寒喧之下，得知和珅曾赴科考，乾隆來了興趣。原來，自順治十五年（西元一六五八年）起，會試和順天府試頭場的題，都由皇帝親自命題並密封，送內廉官刊印頒發。所以，乾隆帝是順天府試的命題者，當他知道和珅曾應順天府試時，要他回憶考場做過的文章。和珅一邊侍轎飛跑，一邊竟能將應試文章流暢地背誦出來。在完全意外的情況下，沒有任何準備，和珅能將七年前自己寫的文章背出，可見其驚人的記憶力和非比一般的心理素質。乾隆聽罷，擊節稱好，頓覺為國家發現了一個文武全才，或者也有為自己當年的忽略讓人才差點埋沒感到些許內疚吧，總之，這件事後，乾隆下旨重重提拔和珅。就這樣，在接下來的數十年光景中，和珅一飛沖天，在創富人生的路上越走越遠……

致富秘訣之二：人脈多少，決定錢包大小

成功學大師卡內基經過長期研究以後得出結論：「專業知識在一個人成功中的作用只佔一五%，其餘的八五%取決於人際關係。」從某種程度上說，人脈多少決定了錢包的大小。

在乾隆王朝這樣一個盛世裡遊刃有餘的和珅，顯然深諳其中之道。他和乾隆君臣相處幾十年而榮寵不衰，他有一大群的追隨者，在他的敵人陣營裡甚至也有他的朋友……

可以這樣說，存儲人脈是和珅致富的一大法寶，他的這張「人脈存摺」足以讓他的創富人生一本萬利！

善用貴人，積聚財氣

中國有「貴人」之說。而所謂貴人，一般都是在身分、境遇方面帶有很強優越性的人。在成功的路上，每個人都會遇到這樣那樣的困難，或是財力不濟、或是人微言輕，這個時候，得到貴人的扶助，往往能使原本坎坷的道路平坦起來，人生從此順風順水！

卡內基訓練大中華區負責人黑幼龍先生曾經提出，完整的人際關係包含三個階段：發掘人脈，經營交情，出現貴人。和珅由一個貧窮小子，在很短的時間內飛黃騰達，走向財富巔峰，成為十八世紀的首富，其過程非常具有傳奇性，「出現貴人」就是其中之一。而和珅的成功歷程，可以稱得上是一部令人嘆服的善用貴人的典籍。

和珅生命中的第一個貴人是英廉。

時任內務府大臣、戶部侍郎的英廉，在權貴雲集的京城，官位並不高，但因其「工詩文，善山水及墨竹」，與喜好風雅的乾隆皇帝意氣相投，所以頗得重用。

英廉是為自己的孫女擇婿時看上和珅的。有野史記載，英廉經常行走於咸安宮官學內，受乾隆委任問詢一些諸如生源、教習、學舍、課考等公事，順道也辦點私事——為父母早逝的小孫女物色佳婿。

有一次，英廉在翻閱官學學員的試卷時，發現了和珅寫的一篇關於朝廷稅銀改革的文章，文中有理有據，絲絲入扣，見解獨特，才情躍然紙上。英老先生按捺不住喜悅，召來教習吳省蘭問詢和珅的情況。

吳省蘭，字泉之，從小刻苦攻讀，博聞強記，年輕時就和哥哥吳省欽遊學京城，以豐富的學識贏得眾人的推崇。乾隆二十八年，吳省蘭由舉人考取咸安宮官學教習，是當朝頗有些聲望的學士。和珅在咸安宮官學求學期間，作為老師的吳省蘭一直對他青眼有加，在眾多滿清的紈絝子弟中，吳省蘭深切地感受到和珅身上不同一般的氣質和潛力。因此，除了將自己的學問傾囊相授以外，還經常向和珅灌輸自己的思想。現在看到英廉英大人也對自己這個得意門生感興趣，自然有幾分驕傲，於是極力向英廉推薦，並肯定地告訴英廉，和珅來日前途無量！

英廉興奮之下立即請吳省蘭將和珅叫過來，如果說，沒有見到和珅之前，英廉還只是為其文采打動，在見到和珅之後，和珅俊秀的外表和瀟灑的舉止則讓英廉嘆服。在這次的交談中，和珅敏捷的思維，流利的口齒以及常人罕見的記憶力和表達能力都深深地打動了英廉，他跟吳省蘭一樣，料定和珅以後必然會飛黃騰達，絕非一般等閒之人，當下決定盡最大可能幫助和珅。

「英廉大人親自召見和珅」的消息在咸安宮官學不脛而走，這讓很多之前輕看，甚至歧視和珅兄弟的教習和學員大感訝異。隨後與英府孫小姐的完婚更是讓和珅的命運得以極大的逆轉，不僅將他從飽受歧視的處境中解救了出來，結束掉曾經由於貧困而顛沛流離的生活，「內務府英大人的孫女婿」這個身分，還為他結交當時的達官貴人、決定升遷的有力人士帶來了極大的方便，為他即將開始的巨富人生打下了堅實的基礎，積聚了深厚的人脈。

或者有人會說，和珅碰到英廉是莫大的運氣，英廉是和珅生命中偶然的貴人。的確如此，但是所有的偶然都是有其必然性的。人生是一條不間斷的河流，機會只是其中的一個點。任何機會都要求你具備相應的條件，或是知識，或是氣度，或是把握機會的勇氣。如果和珅沒有之前的刻苦學習，沒有之前生活的磨礪，沒有自動自發的習慣養成，也就根本不會被英廉看中，更談不上被選為英廉的孫女婿了。

運氣也好，機會也罷，都只青睞有準備的頭腦。準備，贏得一切，這一點，不僅在和珅遇到他人生中第一個貴人時得以驗證，更是在他成功接近生命中最大一個貴人——乾隆皇帝時充分顯示！

清高宗乾隆皇帝，名弘曆，二十五歲登基，在位六十年，做太上皇四年，享壽八十九歲，實際執政長達六十三年。乾隆一生勤於政事，文治武功，頗為顯著，並開創了「康乾盛世」的局面。他還是歷史上少有的具有多方面才華的皇帝，喜書法，好收藏，愛賦詩，對在中國傳承千年的儒家文化也頗為精通。可以想像，要得到這樣一個皇帝的賞識和長期的青睞並不是件容易的事，而和珅卻做到了。

乾隆三十七年（西元一七七二年），和珅被挑補進入尚虞備用處，擔任皇帝的隨身侍衛。尚虞備用處雖說只是皇帝出巡時才派上用場的機構，但因為跟皇帝太過接近，從順治帝時代起，御前侍衛均選自皇帝親自統帥的正黃、鑲黃、正白「上三旗」，當皇帝貼身侍衛也就成為「上三旗」的特權。而且，這份工作儘管頗有些「出苦力」的意味，非常辛苦，卻因為可以一天到晚圍著皇帝轉，一旦討得皇上歡心，皇恩雨露往往可以優先打到頭上。在清代，由侍衛發跡成為達官顯貴的榜樣很多：康熙朝大學士索額圖，乾隆朝大學士、首席軍機大臣、內閣首輔傅恆，都是從御前侍衛任上飛黃騰達的。因而，在貴族官家子弟的眼中，這是一條發達之路，人人趨之若鶩，個個想盡辦法。

當時的和珅，僅僅世襲了先祖的三等輕車都尉爵位，屬於「下五旗」，按清朝的定制，充其量可以在王府做個護衛。然而他卻頂破了一層又一層的天然障礙，躋身三等侍衛之列。這中間，固然存在其與英廉的關係因素，但和珅自身所具備的長處和優勢也是不可忽視的。他能將自己周遭可以利用的資源有機地整合在一起，充分顯示了在打通關節和積極鑽營上的能力，以「下五旗」的出身比肩「上三旗」，的確有幾分了得。

《清史列傳》中收錄了和珅的詩作，其中一首是在他當上御前侍衛時寫的，詩中言道：「縱馬凌雲去，彎弓向月看。莫嗟行役苦，時接聖人歡。」得意之情溢於言表，同時也完全地反應出和珅當時的仕途理想和精神世界，他將自己整個的人生都定位在了「接近皇上」這個點，古人云：「欲想取之，必先予之」，只有先為對方勤奮付出，才有可能獲得自己孜孜追求的東西。和珅深諳個中玄機，為了達到自己的目的，和珅在乾隆這個「大貴人」的身上，幾乎付諸了自己畢生的心血！

正史和野史上關於和珅如何首次獲得乾隆垂青有多種版本，事例各異，原因不同，但中心卻是一致的，都揭示出青年和珅在思維、應對以及學識上的不同凡響。從中，我們更能深刻地看到一個問題，貴人出現前是有很大一段等待時間的，在等待「出現貴人」的階段，除了人際關係處理的技巧外，更重要的還是內涵。

乾隆一生雄才大略，自視甚高，在用人方面絕非僅憑一孔之見，他所倚重的人，諸如傅恆、劉統勳、于敏中、阿桂等，無不才智過人。以當下的擇人眼光來看，乾隆也算得上相當有水準。和珅在這樣一個「貴人」面前，是根本沒辦法如電視劇集裡表演的那樣，僅靠溜鬚拍馬、曲意奉承就能受到重用。乾隆對和珅的認同是發自內心的，在他留下的相關詩文中，屢次提到和珅，給予了和珅充分的肯定。尤其是在《平定廓爾喀十五功臣圖贊》裡，乾隆認為和珅「於清文、漢文、蒙古、西番（藏文）頗通大意，」、「去歲（乾隆五十六年，西元一七九一年）用兵之際，所有指示機宜，每兼用清、漢文，此分頒給達賴喇嘛及傳諭廓爾喀敕書，並兼用蒙古、西番字。臣工中通曉西番字者殊難其人，唯和珅承旨書諭，俱能辦理秩如，勤勞書旨，見稱能事。」，這樣的讚揚可不是誰都可以得到的！

和珅受到重用的那年是二十六歲，此時的乾隆已經六十七歲了，儘管他是一個精明強幹的君主，但畢竟也是年近古稀的老人，正所謂「高處不勝寒」，他比平常人更多了些許孤獨和寂寞，更需要有適合的人可以傾訴和交流。自幼失去母愛的和珅是一個感情非常細膩的人，加之少年時就已確定好的人生目標和充分準備，讓他在跟乾隆的接觸中，可以遊刃有餘地做出種種非常得體的「奉迎」行為。

在和珅還只是乾清門御前侍衛時，有一日黃昏，乾隆在圓明園讀書，剛好是和珅輪值隨侍。乾隆讀書讀得投入，不知不覺，天色漸漸地暗了下來，乾隆看不清楚《孟子》上用小字排列的朱熹的注解了，於是便命和珅掌燈。

和珅並沒有如同一般侍衛那樣聞聖旨就急急忙忙地行動，而是輕聲問詢乾隆掌燈何用，當知道乾隆是因為看不清批註時，接著問其讀到哪一句，然後朗朗吟誦道：「吉水土平，然後得以教稼穡；衣食足，然後得以施教化。后稷。樹，亦種也。藝，殖也。契，音薛，亦舜臣名也。司徒，官名也。人之有道，言其皆有秉彝之性也，然無教，則亦放逸怠惰而失之。故聖人設官而教以人倫，亦因其固有者而道之耳。《書》曰：天敘有典，敕我王典到哉！」

朱老夫子所做的這長長一段注解，和珅竟然一口氣全部背了下來！這讓乾隆既稱奇又有些不甘於後，自己背起了《孟子》的原文，和珅見皇上面露喜色，明顯與致很高，於是非常認真地跟著背注解。夜幕降臨中的圓明園，四周一片寧靜，君臣二人就這樣其樂融融地背了許久。幾天之後，乾隆下旨，擢升和珅為戶部右侍郎。緊接著，又在同年的三月、四月、十一月、十二月命和珅可在軍機處行走、授和珅內務府總管大臣、命和珅充任國史館副總裁，賞戴一品朝冠、命和珅總管內務府三旗事務。短短半年，和珅從一個普通的侍衛連跳五級，進入清王朝權力的最高層，成為乾隆皇帝的親信寵臣。

「投其所好，感同身受」應該是和珅在處理自己與乾隆之間的關係上所運用的八字方針，他的過人之處就在於對乾隆皇帝的脾氣、愛好、生活習慣、思考方法都做足了「功課」，可以稱得上是瞭若指掌。據史書記載，乾隆有一次外出巡遊，行至中途，突然下令停轎，但並不說明原因，隨駕而行的人都很著急，但沒有一個敢擅自言語。和珅聞知後，立即找到一個瓦盆遞進轎中，乾隆讚歎一聲「還是和珅知我」，溺畢，繼續起駕。原來是皇帝大人尿急需要「方便」，眾人不得不佩服和珅腦子靈，取悅龍心有術。也有其他史書記載：「高宗（指乾隆）若有咳唾，和珅以溺器進之。」凡此種種都說明一個問題，和珅對待乾隆與一般的曲意奉迎、阿諛獻媚有所不同，他的所作所為，從現代心理學的角度分析，是一種帶有同感基礎的行為，是將心比心的結果，「巧於迎合，而工於顯勤」應該就是乾隆最欣賞和珅的一點吧！縱觀和珅的一生，從英廉始，貴人似乎一直沒有離開他的左右，而作為他最大的貴人的乾隆，更是庇佑了他的一生。於是，人們在大罵和珅諂媚貪婪的同時，也會對他的貴人運羨慕不已。卻很少有人認真地思考過如果不是之前狠下苦功地自我提升，如果不是自動自發地做儲備，哪怕是有一萬次機會、一千個貴人出現在身邊，也可能統統化為烏有，一事無成。

任何一種成功，都是殘酷競爭的結果，一個人是否成功，關鍵在於是否善於利用人的力量。有商界人士總結了三大閃電致富定律，其中之一就是「站在成功人士或成功企業的肩上獲取的成功」。和珅正是站在英廉、乾隆等一個又一個成功人士的肩上，積聚財氣，成功地致富了。和珅的致富理念，用牛頓的話來評價最合適：「如果說我比別人看得遠一些，那是因為我站在巨人的肩膀上！」

慷慨大氣，結交朋友

一個籬笆三個樁，一個好漢三個幫。中國老百姓一向信奉「在家靠父母，出門靠朋友」、「朋友多了路好走」的處世原則。美國人更有一句名言，叫做：「錢，不是賺來的，而是朋友給的。」這話一點不為過。交朋友就是在建立並維持一個人際關係網路，這個人際關係網路將是你所做的最有價值的人生投資。職業會變，人生的境遇可能變，但是一個人際關係網路，只要你用心維護，將會讓你終生可以依賴。

和珅可以在乾隆王朝屹立幾十年而不倒，除了有貴人相助之外，對人慷慨、廣結朋友、不計小節也是他聚集財氣的不二法門。

受到乾隆恩寵時的和珅，少年得志，風華正茂，然而乾隆盛世人才輩出，朝廷之中，論文，有才華出眾滿腹經綸深得乾隆喜歡的紀曉嵐和才高八斗名滿天下的劉墉；講武，則有身經百戰威風八面的阿桂和出身名門的後起之秀福康安。與這些元老重臣相比，和珅「未有尺功而受重賞」，其結果可想而知，即便不是眾矢之的，時遭白眼，被人藐視，常受排擠也是在所難免。在這種情形之下，若是一般人等，想必是恃寵而驕，扛著「乾隆」這張王牌四處壓人。但和珅的與眾不同決定了他不可能這樣處理自己周圍的人際關係，他的長袖善舞再一次發揮功用，他性格中原本就具備的大度以及慷慨，讓他逐漸獲得了一批死心塌地的追隨者，從廣度和深度上編織起一張巨大的人際關係網。

中國古代歷來有「養士之風」，尤其是戰國時代，在經歷春秋之後，「天下諸侯方欲力爭，競招英雄，以自輔翼。此乃得士則昌，失士則亡之秋也」，由於透過養士的方式可以大量集中人才，既能迅速抬高自己的政治聲譽，以號召天下，又能壯大自己的政治力量，以稱霸諸侯，所以上層權貴們爭相禮賢人士，不拘一格地網羅人才，湧現出著名的以「戰國四公子」為代表的人才中心，其在網羅人才上遵循的「不分貴賤，一與人等」的行為準則被後世的和珅運用得爐火純青。

為了能在複雜的社會結構中暢通無阻，左右逢源，初涉政壇的和珅很少擺出一副皇帝寵臣、朝廷大員的嘴臉，而是廣泛交友，與各界人士都有深厚的關係，這種關係在他以後的人生歷程中被證明大大的有益，為他帶來了各種便利。

中國封建社會中，向來有所謂的「士、農、工、商」的四民定位，商業被「貶之曰末務」，商人也曾被「卑之曰市井，賤之曰市儈，不得與士大夫伍」，始終處於極為卑賤的地位，抬不起頭來。古語又有：「學而優則仕」，官員被認為是「士」階層中的精英，更是不屑於與商人為伍。但到了明清兩朝，尤其是乾隆統治時期，政府在對待商人的態度上由「抑商、賤商」更多地轉變為「恤商」，不僅取消了原來的禁礦、限織、遷海的禁令，還下令整頓關稅，減免商稅，給一些富商以召對、賜宴、賞賜的恩寵和「加價」、「加耗」、「減收鹽稅」等特權，雖然如此，但幾千年流傳的認知系統使整個社會的價值觀仍然沒有太大的改變，朝中官員要麼是讀書人出身，要麼是馬背上長大，很少有人願意結交商人。

和珅卻眼光獨具，一方面，從乾隆施行的「恤商」之策中揣摩到皇帝的心思與治國抱負，另一方面，則是看中了商人這個群體未來的發展潛質。於是，他冒天下之大不諱，利用主管戶部之有利時機，與各路商賈密切往來，奠定了良好的人際基礎。

正如前文曾提過的那樣，乾隆酷愛出巡，經常要去遊覽一下大好河山。皇帝移駕可是大事一樁，所到之處一應設備都必須最好、最齊全，但為了標榜英明君主此舉乃是「勤政愛民」的高大形象，原則上不可以動用到國庫的銀兩。主辦皇帝外出所涉事務的內務府大臣和珅在這個時候大顯身手，結交商人朋友的好處和作用立即啟動，他只需一聲號令，他的富商朋友們就會紛紛解囊相助，據史料記載，乾隆皇帝晚年第五、第六次南巡，和珅就是把出行的花費、修建行宮、疏通河道、迎駕接待等大小一應事務全部交給江南一帶的富商籌措資金，既沒有動用內務府一分一毫銀兩，又讓乾隆玩得心滿意足，盡興而歸，為和珅在乾隆面前贏得了無數恩寵。

如果說結交商人還只是和珅在交友之道上的遠見卓識，不計前嫌、坦蕩包容就是他贏得摯友的秘密武器。在和珅的「人脈陣營」裡，可以看到這樣一些人的名字：福長安、伊江阿、明保……他們有的是與和珅在政見上有分歧，有的是父輩與和珅有過節，還有的是曾經看低和珅的勢力親戚，到後來都成為和珅致富的有利幫手。

福長安是三朝元老傅恆的第四子，姑姑又是乾隆帝的孝賢皇后，《清史稿》中記載，「福長安，自藍翎侍衛累遷至正紅旗滿洲副都統、武備院卿，領內務府。乾隆四十五年，命在軍機處學習行走。累遷戶部尚書。五十三年，台灣平。五十七年，廓爾喀平。諸功臣畫像紫光閣，福長安皆與焉。」從中可以看到，福長安即是名門之後，又與和珅一樣，是從侍衛開始做起，同樣深受乾隆寵愛的青年才俊。但是，他的仕途卻遠不如和珅，其升遷的速度更是難以望和珅之項背。單就這一點，在福長安內心中對和珅也是耿耿於懷，很是不爽，加之他的兄長福康安在政見上與和珅一直是死對頭。因而，起初的福長安對和珅頗有反抗情緒，朝堂之上常讓和珅難堪，私下裡也沒給過和珅什麼好臉色。

福長安的所為讓旁邊許多正途出身的官員都幸災樂禍等著看好戲，可是和珅對此卻一笑置之。也許同是侍衛出身吧，和珅覺得自己和福長安之間有很多的共通點，福長安跟他哥哥福康安不同，福康安是完全地看不起和珅，在他眼中，和珅根本就是「小人」的代稱，怎麼可能與他這樣的名門之後同朝為官，共殿議事！而福長安呢，儘管同樣是傅恆之子，卻在才華和能耐上大大輸於福康安，因此個性中也就多了幾分曲意奉承，這一點，與和珅很是對味，自然也就有了產生共鳴的基礎。更為重要的一點是，和珅的升遷可謂一路狂飆，在朝廷之中缺少實在的根基，他需要如同福長安這樣既身世顯赫、家族勢力夠強，又與自己有相同成長經歷的人加入到朋友陣營中。目標即定，聰明的和珅開始頻頻向福長安示好，不僅不介意福長安對自己的諸多不友好，一直以禮相待，甚至在乾隆面前極力推薦福長安，將他捧上戶部尚書的職位，表現出坦蕩的胸襟。久而久之，福長安終於認同了和珅，與其結盟，形成一個強有力的利益共同體。

古人云：「水至清則無魚，人至清則無徒。」每個人都有自己的特點或缺陷，如果對別人要求太過苛刻，凡事要求盡善盡美，則可能會沒有朋友。和珅深知這一點，因此在與人交往中，往往能不念舊惡，「多栽花，少種刺」。

明保是和珅的親舅舅，家境頗為殷實。在和珅年幼之時，他將上門求助的和珅主僕拒之門外，與和珅一家十多年沒有往來。但當和珅飛黃騰達以後，明保卻厚著臉皮提著禮物登門拜訪來了，還攀起甥舅之情，希望和珅能予以提攜。

明保之前的做法，可以用「勢利小人」來形容。如果是常人，遇到這樣的情形多數會以牙還牙，好比曾經與和珅一起吃過明保閉門羹的和珅的管家劉全就是這樣，對明保滿腹怨氣，還以顏色。但出人意料的是，和珅不但當場收下明保的禮物，還待之以甥舅之禮，後來，在官場上也對明保多方照顧，明保自然成為和珅當仁不讓的死忠追隨者。

面對小人，以怨報怨，不但不能取得好的效果，反而會落得個睚眥必報的名聲，為自己的人際關係築起一道牆。明保的做法是非常讓人心寒，但有句俗話說得好：「只見錦上添花，哪有雪中送炭？」每個人在不同的時機都有自己看待事情的角度和處理問題的立場，過於苛求他人，實質上也是跟自己過意不去。和珅顯然對此有所洞悉，他厚待明保、不計前嫌的名聲不脛而走，許多曾經和他有過節的人放下了心中的疑慮，和珅贏得了更廣泛的人脈。

美國人常說：二十歲靠體力賺錢，三十歲靠腦力賺錢，四十歲靠交情賺錢。友情與事業代表著人生兩大樂趣，在現代社會裡，每個人都不可能脫離他人而獨自存在，人人都需要朋友。朋友是很珍貴難得的，在千百人中，可能找不到一個真正的朋友，可是，這正像開鑿油井一樣，只要找到了一個，就一生都不會貧乏了。擁有了人脈，等於有了財脈。想要真正擁有人脈，一要慷慨大氣，二要開朗用心。交朋友要靠平時，友情是一種最需要小心積蓄和保存的財富。不能等到需要用朋友的時候才去交朋友，而要在平時，用一顆平靜的心去交朋友。

人脈交情會讓生命的轉折很奇妙，每一件事都是向別人傳遞資訊的機會，一個懂得把握機會，同時又能善於經營人際關係的人，最後才能依靠人脈開創事業的舞台。

放低姿態，提升人氣

「他人之心，予忖度之」，這是《孟子・齊桓晉文之事》裡的名言，它道破了人際關係的準則。人都有一種較高層次的心理需求，無論身處何種地位何種階層，都希望得到他人的尊重。適當的時候適當地放低姿態，是人生的智慧，也是保全自己的利器。

乾隆是萬人之上的聖明君主，卻同樣亦是血肉之軀，跟普通人一樣有最普通的情感需要，希望能和三五好友喝酒賞月，有兒孫環繞腳下。然而他的特殊身分，卻無形中成為他實現這個需要的阻礙，尤其是漸入晚年後，盛年之時與自己一起指點江山的臣子一個一個都已如秋天的落葉，一片一片地凋零，滿朝臣子多是新的面孔；兒孫成群，卻為了帝位爾虞我詐，親情無處尋覓；伴他多年的孝賢皇后也已經不在。放眼望去，誰是知己？環繞他寶座的只有深深的孤獨。因此，和珅的出現，在很大程度上彌補了乾隆的情感需要，更加上和珅在處理這方面關係時的善解人意，取悅龍心也就成為極其自然的一件事。

按理說，隨著社會地位的提升，人的尊嚴和威勢會增強。特別是朝廷中的軍機大臣，他們十分看重自己的身分，即使向皇帝上奏，也很注意維護大臣的體統。而和珅則不然，他不僅沒有恃寵而驕，在乾隆面前始終表現出的都是十分的謙恭。皆因天下之人均只把乾隆奉為聖上、皇帝，只有和珅，非常明確地看到和想到乾隆也只是一個老人，一個需要關懷體貼的普通老人。

和珅幼年喪母，少年失父，與乾隆貼近生活的很長一段時間中，更多地看到這個被稱為「皇上」的老者與普通人並不二致的喜怒哀樂。在乾隆身上，想必和珅似乎還看到了自己父親的影子，因此所有的舉動也就完全發自內心，毫無造作。據野史記載，和珅在乾隆面前從來沒有如同其他大臣那樣，言出必是「臣怎麼怎麼樣」，而是一貫以「奴才」自稱。不僅如此，他還對乾隆的生活細節關心備至，乾隆身體不適，他能很快的發現，並一如做侍衛時的作風，躬身向前，親自替乾隆捶腰。朝鮮的《李朝實錄》中在記錄和珅時也提到：和珅雖貴為大學士、軍機大臣，但每當皇帝咳嗽吐痰的時候，他就馬上端個痰盂去接。這樣的姿態可不是一般阿臾奉承之輩可以馬上做出來的，若無真誠為基礎，只會讓人感覺彆扭而非動容。

除了對待乾隆本人以親人視之，和珅對乾隆身邊的人也是非常有心。不可否認，和珅的如此盡心，有他為自己利益考量的一面，但其「侍君如親」的一片心終究還是很難得的。

俗話講得好，想要親近什麼人，如果可以從他身邊的人入手，對他尊敬的人表現出同樣的，甚至更強的尊敬，對他關心之人表現出更多的關心，往往會被引為同道，使人一見如故，收到奇效。

儘管自古以來君王之家無親情可言，但乾隆皇帝卻是歷史上出了名的孝順兒子。北京故宮有一件藏品——黃金鑄成的金髮塔，裡面是一個裝著頭髮的盒子，據傳，乾隆皇帝每天命令宮女為他母親崇慶太后梳頭，把掉到地上的頭髮一根一根撿起來，等到母親去世以後，他把所有的頭髮都集中到一個盒子裡，專門用黃金鑄成小塔存放，足以見其孝心。和珅深知乾隆心思，對皇太后的起居生活特別注意，在其擔任內務府大臣時尤其如此。和珅最讓乾隆感動的還是崇慶太后去世時發生的一件事：崇慶太后以八十六歲高齡崩逝，乾隆悲慟欲絕，罷朝三日，著白綢孝衣並剪髮，為太后守孝。乾隆在靈堂長跪不起，誰都攙扶不起來，朝中大臣勸說乾隆要節哀，要以國家為重，要以大局為重，只有和珅沒有勸過一句話，但是乾隆長跪在那兒，他就在旁邊陪跪；乾隆不起來，他也不走，自始至終一句話都沒說，默默地陪伴著乾隆，他心裡太清楚了，這個時候一切語言都是多餘的，唯有以己心度之才是上佳之法。

將心比心，以心換心，面對和珅如此的貼心，乾隆豈有不為之心折之理，這才有了他對和珅幾十年如一的榮寵不衰和十分信任。

放低姿態不等於懦弱，也不等於對他人的卑躬屈膝，相反的，放低姿態有助於與人溝通，放低姿態是對他人的一種體貼！和珅深深明白這一點，因此不僅對待乾隆能做到低姿態，對朝中其他大臣，如阿桂，也是極盡低姿態，少有與之爭鋒。

阿桂，字廣庭，章佳氏。初為滿洲正藍旗人，以阿桂平回部駐伊犁治事有勞，改隸正白旗。他的父親是大學士阿克敦，為康熙、雍正、乾隆的三朝元老。他本人文武雙全，當過多年的內閣首輔，並四次因戰功而「圖形紫光閣」，非常為乾隆所倚重。

阿桂是乾隆三年的進士，而和珅當上乾隆的貼身侍衛是乾隆四十年，兩人在年齡上相差很大，再加上阿桂經常在外帶兵打仗，很少回京師，按理說，兩者發生衝突的機會並不多。但所謂「道不同，不相為謀」，阿桂和和珅，不但家庭背景不同，行事習慣也有很大的差異，阿桂對和珅頗有意見。

根據《清史稿》記載，阿桂與和珅同在軍機處辦事的時候，和珅來還就他說話，他總是愛理不理的，從不給和珅好臉色看。不僅如此，在面見皇上的時候，他有時也會和皇帝說和珅怎麼怎麼不好之類的話。

換了心胸狹窄的人，也許就會和他硬碰硬了。但和珅卻沒有如此做，相反的，他每次在阿桂打完仗回朝的時候，他都會和乾隆說，阿桂勞苦功高，應該給予他厚厚的賞賜。在私底下，他也對阿桂十分尊重，從不與他起正面衝突。如此一來，乾隆固然對他的印象加倍加分，連阿桂本人也不好再說什麼。

根據歷史記載，終其一生，阿桂都沒有正面彈劾過和珅。想必，和珅的低姿態也產生了一定的作用吧？

致富秘訣之三：財富是權力的贈品

財富和權力，自古以來就是人們孜孜以求的目標！財富和權力密不可分，在一定程度上，政權沒有辦法拒絕財富。但獲取權力，卻更容易贏取財富。

很多聰明的商人嗅到權力的空氣中濃重的利潤味道。經營一種產品，獲利是一件一件產品利潤點的累加；經營一個市場，獲利是一個一個區域市場的累加；然而，假如可以取得政治的扶持，利潤則變成一個個經濟領域財富的累加。於是，在漫長的歷史中，總是有商人去不斷親近當權者，千方百計擠入統治領域，甚至，犧牲極大的利益，冒著高度的風險。

和珅的做法卻是：將自己鍛造成不可撼動的權力代表，運用商業的方式操縱市場，亦商亦官，財富自然魚貫而入。

著眼財富，獲取權力

中國有一句民諺：「一任清知府，十萬雪花銀」，意思是說，即使一個很清廉的知府，三年任期下來，也能累積起十萬兩白花花的銀子。財富和權力結合的緊密可見一斑。

基於權力的財富，可以說是中國的一大特色。在中國兩千多年的封建社會裡，始終沒有產生一個獨立的有產階級，豪紳地主總是隨著政權的起伏而更替，從未間斷；且中國又有「士農工商」之說，作為累積財富最快的另一手段：經商，在中國一直是被打壓的對象，商人的社會地位處於社會的最底層。於是，被做官發財、光宗耀祖的思想薰陶出來的中國人，無一不對權力孜孜以求。因為，權力不僅僅意味著社會地位的提高，還意味著大量的財富！

和珅出身於破落的官僚家庭，少年受盡屈辱，對權力和財富的渴望比常人來得都要強烈。據野史記載，《紅樓夢》還是因為和珅才得以保全下來。極度喜歡《紅樓夢》的和珅，肯定對薛寶釵的兩句詩「好風頻借力，送我上青雲」深有體會吧？他的目標很明確，就是要透過權力來獲取財富。因此，他調動身邊一切可以利用的能量，抓住一切可以抓住的機會，找台階，借風勢，一步一步實現他的青雲之志。

和珅找台階，借風勢，始於他十八歲娶的髮妻——馮氏。貧寒小子和名門閨秀結婚，不但使從小孤寒的他獲得了家庭的溫暖，也由此獲得了大量的社會關係。這，可以說是他實現青雲之志的第一道風。

和珅憑藉的第二道風，是引起乾隆的注意。關於和珅怎樣走進乾隆的視野，民間有多種說法，但不管怎樣，可以刮起這道風的，卻是他自己的才情和機智。他引起了乾隆的注意和讚賞，走進了乾隆的心靈，以致受到乾隆的恩寵才青雲直上。從乾隆四十年（西元一七七五年）十一月起，到乾隆四十五年（西元一七八〇年），和珅十次火箭式的升遷，其官位跳躍之大，讓人瞠目結舌。

和珅憑藉的第三道風，是藉著給乾隆辦事的風。單單從李侍堯一案，他就獲得很大的實惠：晉戶部尚書兼議政大臣，同時兼御前大臣，補鑲藍旗滿洲都統，授正白旗領侍衛內大臣，充《四庫全書》館正總裁，兼辦理藩院尚書事務。

乾隆五十一年（西元一七八六年）七月，林爽文在台灣起義。和珅推薦自己的門生閩浙總督常青去平定，可是常青無用，失敗而歸。乾隆大怒。和珅思來想去，就想到了福康安，於是竭力舉薦：常青年少無能。當務之急，是要派一名真正能征善戰的將軍去才行。只有陝甘總督福康安，身經百戰，除他之外，無人足以當此重任了。這和乾隆想的一樣，況且乾隆一向知道他和福康安之間不和睦，這次竟然不計前嫌，竭力舉薦，實屬難得。乾隆不禁大悅，採納了和珅的建議。後來，福康安打了勝仗回來。乾隆論功行賞，和珅因舉薦有功，和福康安一樣同時獲得了「三等忠襄伯」的封賞。福康安出生入死得來的賞賜，和珅不費吹灰之力就得到了。實是借力高手。

不僅如此，和珅借辦事風替親人爭取權力也毫不遜色。乾隆五十一年七月，身為左副都御史的竇光鼐，在浙江任上向乾隆上了一個奏摺，說臣聽說嘉尖、海鹽、平陽諸縣虧了數十萬，建議皇上派人去查查看。結果乾隆就派了尚書曹文植、侍郎姜晟前往浙江盤查，可是沒查出什麼來。和珅聽說了此事，就竭力推薦軍機大臣阿桂去複查這個案子，並且求乾隆讓身為筆帖式的弟弟和琳一同下去歷練。因為他知道竇光鼐參奏的浙江府庫虧空一定是真，弟弟和琳此去一定有了露臉的機會。事情果然不出所料，此去雖然阿桂因為袒護下屬遭到乾隆的斥責，但和琳卻因為「甚為公正，且頗幹練」博得乾隆歡心，於是乾隆將杭州織造的肥缺賞給了和琳，後不久又升他為湖廣道御史，從此和珅家族中又多了一位顯貴。和珅很好地借了去浙江查案這道風，把弟弟也托舉上了青天。

和珅借的最漂亮的一次「好風」是乾隆的指婚。乾隆四十五年（西元一七八〇年）五月二十日，乾隆將他的女兒十公主指婚給和珅的兒子豐紳殷德。其時，公主和豐紳殷德都才六歲。能與皇帝結為親家，是作為臣子的最大榮幸。不僅如此，乾隆指婚的十公主還是乾隆最小的女兒，乾隆老來得女，加上公主天資聰穎，處事果斷，長相和乾隆頗像，所以最為疼愛。據說，乾隆還曾經說過，如果公主是一個皇子，一定會立她為儲皇。十公主在十三歲時，就被乾隆破格冊封為固倫公主。固倫，滿語意為國，又為尊貴之意。十公主是乾隆敦妃汪氏所生。按大清律例：皇后所生之女才能被封為「固倫公主」，品級相當於親王，而妃、嬪所生或者其他皇親宗室之女，則只能被封為「和碩公主」，品級相當於郡王。十公主被破例冊封，可見乾隆對其之寵愛。乾隆還允許十公主在未出嫁時乘金頂轎。這個賞賜也相當於大臣們所受到的「紫禁城騎馬」待遇，超過了她所有的姐姐們。在這個女兒出嫁前，乾隆就生怕她受到什麼委屈，還特別下諭，說將來下嫁後，待遇也要一樣。同時還給和珅的兒子豐紳殷德封了個在御前行走的官。後又任命他為教秩大臣。

根據野史記載，十公主還最為為容妃寵愛，有母女之情。維吾爾族的容妃和卓氏，是乾隆晚年最寵愛的妃子，即傳說中的「香妃」。容妃一生都沒有生兒育女，她也像乾隆一樣，特別憐愛這個具有男兒氣的十公主，如同己出。容妃從小教十公主騎馬射箭，十公主心靈手巧，教什麼會什麼，還不足十歲，就能百步穿楊。後來十公主在木蘭圍場射中一隻美鹿，乾隆帝深知她與香妃的情誼，特意賞給香妃一塊燒鹿肉。容妃不幸在公主即將大婚的這一年病逝，她的願望是想看著十公主出嫁的，可惜沒有實現。這位傳說中的香妃，生前的遺囑，是將財物分贈給後宮姊妹、故鄉的父兄，然而絕大多數的珍貴遺物，據說多達千餘件，都贈送給了十公主——這個她唯一牽掛的女兒。

皇帝指婚的消息在朝野上下引起了轟動，正當而立之年的和珅，昂昂然立於大臣之中，躊躇滿志，「韶華休笑本無根」，一次一次的憑藉好風，和珅扶搖直上，終於實現了青雲之志。

財富和權力是相輔相成的、相互促進的，但在中國古代，著眼於財富，進而對權力孜孜以求，顯然更多見。自唐宋以來，中國一直實行科舉考試，想要做官，科舉考試是最主要的途徑。多少人對此夢寐以求，又有多少人希望做官發財，光宗耀祖。清末吳敬梓的《儒林外史》中就深深地刻畫了很多追求功名至狂熱的士子的形象。范進就是其中非常典型的一個。他中舉前很被別人看不起，特別是他的老丈人胡屠夫，罵他是「現世寶」，說自己把女兒嫁給他是「倒運」。待到他中舉之後，他的老丈人的態度發生了一百八十度大轉彎，說他是天上的星宿，不但不再罵他，還送錢來給他用。而之前與他素無來往的城裡的張老爺，也送來五十兩銀子的賀儀，並馬上送他房子，要他搬家。中舉只是可能獲得權力，他的生活尚且有如此大的改觀，真正的獲得權力以後，情況想必又更不同了。

正因為如此，中國的很多商人也非常迫切地要攀得權力，以官促商，用政治權力來扶助發展商業。如戰國時期的呂不韋，他扶助秦公子子楚，其動機就是為了獲取無數的利潤。近代的胡雪巖，被今人認為是古代商人的典範，更是深諳此道。他扶助落魄書生王有齡，間接獲得了權力。他利用官場人員手中的權力，從一個錢莊做起，獲得了戰爭期間從上海、寧波購運軍火、糧米接濟軍隊的資格，並且主持全省錢糧、軍餉，使自己的資本不斷得到提升。在創富的途中，他逐漸明白，只有權力才能為他獲取更多的財富，因此他又不斷去獲取更多的權力，最後自己成為正二品的官，獲得賞穿黃馬褂的殊榮，在權力的照耀下，財富滾滾而來。

權力代表，財富化身

和珅從十九歲開始工作，到他被嘉慶皇帝賜死，這三十年中，他鑽營於乾隆之前，周旋在百官之中，抓住了一切可以抓住的權力。據統計，他擔任過的官職大大小小有五十多個；各種重職、要職幾乎一網打盡，可謂前無古人，後無來者。

具體來說，和珅擔任過的清政府「九大要職」：內務府大臣，御前大臣，議政大臣，鑲藍旗領侍衛內大臣，正白旗領侍衛內大臣，軍機大臣，領班軍機大臣，文華殿大學士，首輔大學士。

和珅還兼為九門提督，步軍統領，掌握京城軍事大權；擔任殿試讀卷官，《四庫全書》總裁，掌握國家的文化領域；擔任崇文門的稅務監督，掌控了包括內務府的糧庫、綢緞庫、顏料庫、圓明園茶膳房、選辦處、上駟院、太醫院、御藥房等諸多與財政有關的部門，幾乎抓住了與國家的經濟命脈有關的職位。

此外，除了正當的行政職權以外，和珅還承擔了很多生產和建築項目，比如各種內宮所用物品的製造，圓明園、頤和園等園林宮殿的擴建，相當於將一部分工部的職權也抓到了手中。

和珅透過這些官職，將勢力深深地嵌入了整個國家的軍事、行政、財政以及文化領域，可以說，他是當時大清國跺跺腳地也要抖三抖的角色。他擔任的官職之多，不管是在整個清朝，還是放在中國的整個封建史上來看，都是空前絕後的。

然而，權力僅僅作為職位而存在，並不能產生很大的利益。封建社會，官僚的俸祿並不高，而官場應酬則很多，特別是清朝。如果是做一個清官，在養家糊口上都有困難。正因為如此，在封建社會裡，官員往往在俸祿之外去尋找其他的收入，而官員的額外收入往往大大高於俸祿。作為當權者，他透過權力來換取利益，肯定會存在一定的隱形收入；作為投資者，他利用他手中的權力以及對國家政策的把握，為他的投資保駕護航，在某些方面講，卻又是合法的。

從他擔任的職務看，內務府直接服務於內廷，內務府大臣非皇帝親信不得擔任。據史料記載，清朝的內務府，最早發端於努爾哈赤建立的後金時期，到雍正皇帝在位時期，最終確立起了一個包括七司三院及其他附屬機構的龐大組織。清朝統治者仿效六部這個外朝機構，將其移植於內廷。和珅擔任的是總管內務府大臣，掌管內務府所有官員官制，官缺，升調補換，功過賞罰等，權力非常大。後面更兼管內務府的財政，銀錢進出頗大。

崇文門的稅關，處於外面入京城的必由之路。進出京城的，不管是官員、舉子，還是一般的商人，都得交稅。且官越大，交的稅越多。崇文門稅關在清政府的財政收入中佔了相當重要的地位。清朝有規定，凡為大清朝的官員，每過一個任期，通常是三年或是五年必須來北京一次，向皇帝彙報情況。野史記載，有一天，山東的布政司陸中丞上京來了，因為他長期在外面任職，且比較清廉，帶的銀子不多，不知道進崇文門必須交稅，被卡在稅關了。沒錢交稅，他很無奈，只得把官衣官帽、僕人、被褥都留在城門外，自己一個人獨身進京城了。最後還是向別的大臣借被褥和衣服，這才見到了皇上。這個故事肯定有誇大的成分，但也說明了一個問題，崇文門收稅相當嚴格，和珅掌握崇文門的稅關，得到了一個肥差。

除了掌管這些與銀錢有關的部門之外，和珅還是吏部尚書，軍機大臣等。實際上，和珅最高明的地方並不在於此，真正的高手過招，是善於透過樹立自己獨一無二的地位，將自己打造成權力的代表，進而獲取利潤的。

從一方面說，在中國的封建社會裡，官僚地主階級都是緊緊依附皇權，才能獲取財富，保有財富的，而和珅對此層關係的認知是十分清晰的，他透過先人一步洞察乾隆的心思、真誠替乾隆著想、為乾隆辦事妥妥帖帖，再加上幫皇帝理財井然有序（據歷史記載，和珅在一年之內就將內務府扭虧為盈），深得乾隆信任，以致很多事情，乾隆認為除了他，沒人能替他辦。

和珅特別會按照乾隆的意思去辦事，這一點在乾隆六十年（西元一七九五年），乾隆舉行禪位大典的「千叟宴」這件事情上表現得尤為突出。那一年，乾隆皇帝決定禪位於嘉慶，當時已經八十五歲高齡的乾隆是非常希望把這件事情辦得隆重一點的。怎樣行大典？和珅和大臣們煞費苦心，提出眾多方案，但唯有和珅提出的「千叟宴」讓乾隆非常滿意。所謂「千叟宴」即是召集官員、縉紳中七十以上的高壽老翁在皇宮中舉行酒宴，與皇帝同樂。千叟宴始於康熙，盛於乾隆時期，是清宮中的規模最大，與宴者最多的盛大御宴。康熙五十二年（西元一七一三年）在陽春園第一次舉行千人大宴。乾隆五十年（西元一七八五年）於乾清宮舉行千叟宴，當時參加宴會的有三千多人。嘉慶元年（西元一七九六年）正月在寧壽宮皇極殿再次舉行千叟宴。一般來說，「千叟宴」五十年才能舉辦一次。然而清史上之所以有乾隆禪讓這唯一一次不到五十年兩開千叟宴的舉動，是因為和珅動的腦筋。乾隆六十一年（即嘉慶元年）的正月初四，和珅調來了一千五百多個火鍋，舉行火鍋宴，喜氣洋洋。「千叟宴」改火鍋，這是和珅的創意。中國古人有「仁者壽」的禮儀，此時，身處「千叟宴」中的乾隆皇帝，親自給九十歲以上的老者斟酒，而他自己也已經被自己暖得渾身通泰，醉得酣暢淋漓。

和珅還替乾隆辦一些他不好出面辦的事。乾隆是中國歷史上最喜歡遊山玩水的皇帝，且性喜奢華，一生南巡六次，其中的出巡費用問題，和珅巧借官僚富商之力得以解決。和珅緊緊抓住了皇帝，在百官心目中，他儼然成為皇帝的代言人。

另一方面，和珅也善於將權力集中在自己的手裡，掌握各種升遷、下情上達的通路。他的職位深入到軍事、文化、教育各個方面，這為他達到目的提供了便利。

軍機處是清朝最重要，存在時間最長的中央首輔機構，自雍正時設立。它的設置相當特別，人員簡練，有官無吏。並且它直接對皇帝負責，獨立於六部之外，相當於皇帝的秘書班子，一般清朝的大政都是軍機處制定出來的。

在和珅任軍機大臣之前，大臣們的奏摺可以直接呈給皇帝，不用軍機大臣過目的。但和珅擔任軍機大臣以後，新制定了一條規矩，即大臣們上的奏摺，在呈給皇帝一份的同時，要留一個副本給軍機處。如此一來，他就掌握大臣向皇帝進言的路。加上他是吏部尚書，他成為大清朝名副其實的權力代表。

不僅如此，他還掌握科舉這個國家選拔人才的主要通道。透過科舉考試走上飛黃騰達之路，是每個讀書人夢想。這一年，和珅在咸安宮官學的老師吳省欽、吳省蘭在順天府參加鄉試。順天府是天子腳下，因此順天府的鄉試的題目由皇帝親自擬定，在《四書》的範圍內出題。一般是由內閣呈上一部《四書》，皇帝根據經書中的句子命題。命完之後加以密封，再交給內閣。也就是說，一般除了皇帝本人外，誰也沒機會提早知道試題。這一年，正好和珅是鄉試的主考官，吳省蘭兄弟聽到這個消息後喜出望外，便登門拜訪和珅，請求和珅給予照應。

面對曾經器重自己、照顧自己的老師，或許和珅也希望他們能高中吧，這樣一方面既可報報知遇之恩，另一方面，也能使自己在官場多兩個朋友和得力助手。因此，和珅將猜中的題目告訴了他們。

和珅是怎麼猜到考試題目的呢？原來，和珅和宮中的太監的關係都很好。而乾隆擬好題目後，會交給身邊的太監，讓他們給內閣送去。這時候，和珅就攔在路上，問他皇帝命題時候的具體情形。太監告訴和珅，皇帝翻看的是《論語》，快翻完的時候，臉上露出了笑容，隨即在紙上寫下了題目。而鄉試那一年正好乙酉年，《論語》的後面的「氣醯」章中就嵌著「乙酉」兩字，故此，憑他對乾隆的瞭解，他推斷，乾隆出的題一定在「氣醢」章裡。

鄉試過後，吳氏兄弟果然雙雙中舉。十年寒窗，終於取得了功名，他們自然對和珅十分感激。以後，和珅又在官場上對他們多加照應，他們官運亨通，和珅也多了兩個得力的助手。

實際上，對和珅而言，他做的一切，最後達成的效果，便是最大限度的利用自己的政權優勢地位來獲取、累積財富。他成為大清朝的權力代表，別人辦得到的事他能辦到，別人辦不到的事他也能辦到。

除了皇帝，他同樣可以讓人一朝貴一朝賤。因此，和珅集團稱雄三十年，朝野無不以和珅集團的馬首是瞻。不僅如此，和珅還利用他的手上的權力為他的商業投資保駕護航，進行貨運貿易，從事商貿連鎖經營，到最後，一般老百姓的生活也離不開和珅：要進當鋪融資？好，到處都是和珅當鋪；要買遠地方的東西？「和珅販運隊」將為您提供至善至美的服務；要種地？找和珅！要買賣古玩？找和珅！……

傳說和珅回家時，其擁戴者夾道歡迎，爭先恐後，只差沒請他簽名了。現在想來，其熱鬧場面有點像時今明星出場，被眾多FANS擁戴的情景。當時，還流傳著一個街談巷議的笑話。說一個縣令也來趕時髦，長跪在門前，遞上名片，和珅從轎車中探出頭來呵斥道，「縣令是什麼東西，也想來叩見我？」可見其狂傲。

隨著和珅作為權力代表的深入人心，他的財富也如雪球般增長，他成為財富的化身。

財富之下的權力

財富和權力是相輔相成的，權力有助於財富的獲得。但在一定情況下，財富也有助於權力的鞏固。這在一般是基於權力的財富的中國的封建社會，也概莫例外。

和珅深諳其中的關係，在生活中，他是一個節儉到吝嗇的人，但到如果財富有利於權力的鞏固的時候，他也會毫不猶豫地從自己的腰包裡掏出大把大把的銀子。

乾隆時期，為歷史上的「康乾盛世」，到乾隆中葉的時候達到頂點。表面上看來，清朝是天朝上國，四海承平，疆域遼闊，國力雄厚。但是在繁榮的背後卻隱藏著危機。這基本上是由於統治者的腐化引起的。以乾隆為首的滿洲貴族地主，生活非常侈靡無度，崇尚浮華，別的不說，乾隆喜歡出去遊玩，每次出去比起康熙時期的花費，十倍都不止，給國庫造成極大的壓力，漸漸國庫走向空虛，這導致了軍費經常不能及時發放。而和珅作為當時國庫的經理人，時常擔負著籌措軍餉的重任，這個時候，和珅本人的財富實力為他完成任務就非常有幫助了。

野史上記載著這樣一個事例，雲南巡撫楊應琚挑起緬甸戰爭後，乾隆命令和珅籌集軍餉八百萬兩。如果很順利地完成任務，當然是首功一件。和珅四處籌集，動用權力以及其他關係以後，才籌集到了七百萬兩。和珅再三考慮，讓他的管家劉全從他自己的小金庫裡取出一百萬來，充作軍費。可以想像，非常珍惜財富的和珅這時一定也有不捨，但他卻更明白，這個時候，只有讓他的財富為他的權力護航，才能博取乾隆的嘉許，以期權力更加牢固，進而獲取更多的財富。

不僅如此，和珅也經常給乾隆和十公主贈送禮物。乾隆喜歡附庸風雅，收集古董，和珅就開了十三家古董鋪子，每年四處搜集名貴古董，敬獻給皇上，比如，朝鮮使臣就曾看到和珅進奉金佛給皇帝。此外，對公主，他更是百般籠絡，經常給她送頭飾、珠寶等。

有一次，有官員反應，甘肅捐監民眾怨言很多。乾隆便派和珅去調查情況。但和珅卻包庇官員，沒有認真調查。後來，甘肅爆發了蘇四十三起義，前去鎮壓的阿桂才把捐監的實際情況報告了乾隆。乾隆非常生氣，當面質問和珅，追問他有沒有收受賄賂。和珅裝作很不安的樣子承認，他是接受了甘肅總督的四顆寶石。因為這四顆寶石非常光彩奪目，他覺得公主戴起來一定好看，所以就收下了，現在已經送到公主的宮中了。乾隆覺得他的態度很好，認為他是年輕受當地官員的騙了，加上他知道鍾愛的十公主確實非常喜歡這幾顆寶石，也就放過和珅了。一場天大的禍事，就這樣消弭了。

這件事是別人掏腰包，但他自己掏腰包的時候恐怕也不少。據說，美麗十公主和他的關係一向非常的好，小的時候就稱他為「丈人」，想必送的這些禮物也討得了公主的歡心了吧？

權力和財富幾千年來互相博弈，有時候權力佔上風，有時候財富佔上風，更多的時候，權力和財富是緊緊結合在一起的。在民主制度產生以前，中國幾千年來由於獨特的政治制度，皇權至上且缺少限制，導致了財富一般要依附於權力才能擁有和暫時性的保全。這，是產生權力極度追求財富，權錢交易氾濫，貪官汙吏特別多的根源。當然，也有像呂不韋和胡雪巖那樣，開始時用金錢來扶助權力獲得權力的情況，但這種情況是很少的，不是歷史的主流。最後往往財富還是依附上了權力。一旦權力鬥爭失敗，財富也隨之喪失。很少有人能「富過三代」，幾千年來這種悲劇沒人能逃脫。

人們在提到和珅的時候，第一印象恐怕就是「貪」吧？和珅是不是貪官？這不是我們追究的重點。在那樣的社會環境下，想要獲取財富和地位，做官是唯一的途徑。事實上，和珅的財富還有相當大一部分是透過經商得來的。但到了他倒台的時候，則被嘉慶皇帝當作了一條主要的罪狀，按規定，旗人是不許經商的，而和珅以宰相之尊，竟與小民爭利，實在是非常不應該。

「舊時王謝堂前燕，飛入尋常百姓家」，煙波浩渺的未名湖，這個處於北京大學裡面的名湖，曾經是和珅庭園的一部分，不知道是否曾經記下和珅的影子？和珅從貧寒困境中發奮圖強，成為國之首輔，還是沒有逃脫歷史的悲劇，以三十年的時間裡聚集起來的財富，最後落入王朝的最大的統治者手裡。

只有在正常的民主的政治環境下，權力和財富的關係才可能真正做到相得益彰。一個精明的投資者，他可以透過權力，來保障自己的財富和地位，也可以透過影響國家的政策，來更好地實現自己的投資目標；也可以利用國家的政策，來更好地給自己累積財富，為國家累積財富。

高度發達的政治對權力和財富的問題體會與處理就非常到位，比如美國，它的政治狀況，對財富與權力的關係來講便是一種較為合適的闡釋。眾所周知，美國的當權者大部分是某些利益集團的代言人，包括總統在內。總統要當選，必須要有大財團的支持。而財團也往往會選擇合適的代言人，支持他獲得權力，為自己獲得最大限度的利益保障，以便得到更多的財富。

美國的第一任總統華盛頓在擔任總統前便是一個大農場主，退休後，又回到他的本行去了。因為他明白，只有虔誠對待財富的態度，才是對權力最好的利用與回饋。而當代美國總統布希則當眾坦言自己的家產已超過兩千萬，他購買了數百萬美元的國債，擁有一個價值在一百萬美元到五百萬美元之間的德州的農場，布希夫婦還為兩個女兒分別購買了一百一十萬美元的信託基金，其中主要是思科、GAP、IBM、微軟、寶僑和輝瑞製藥的股票。

財富只有在正常的民主的環境下，才能有保障。適當地利用權力，來維護自己的權益，而不是索取財富。可以利用權力，而不是依賴權力，這樣的權力和財富才是正常的。只有這樣，和珅似的悲劇才不會再度上演。

致富秘訣之四：你不理財，財不理你

要懂得理財，才能使「錢生錢，利生利」，這恐怕是每個現代人的共識。

與我們隔著兩百多年歷史長河的和珅，也是一個著名的理財高手：他替皇帝理財，短短幾年內，內務府扭虧為盈；他替自己理財，在三十年間，成為十八世紀的世界首富。

現代的理財觀念認為，理財主要包括財務目標合理化、資產合理化和收入分配合理化，和珅的理財觀念和現代的理財觀念是否有相合的地方呢？

錢的兒孫怎麼來？

根據歷史學家和經濟學家們的調查顯示，和珅的家產高達十一億六百萬兩白銀。這個數目相當於大清王朝近二十年的財政收入。如果放在現代，大概幾個比爾・蓋茲的家產相加也比不過他一個和珅。

這麼多錢是怎麼來的呢？歷史上提到和珅，都會用一個「貪」字來概括。但實際上，和珅精明能幹，頗懂理財之道。他獲得財富的管道非常之多，真正做到了目標明確，重點撒網。其中乾隆的賞賜是其一個來源，據稱，十公主和豐紳殷德大婚之時，就帶來嫁妝無數。不僅如此，和珅的其他的手段也十分的高明。

當時，人才的提拔主要靠科舉。和珅長期擔任教習庶起士、經筵講官，翰林院掌院學士、日講起居注官和殿試讀卷官及兼任廷試武舉發策等職務，這為他賺取利潤提供了便利。

和珅對科舉有一種特別的熱情。他知道，皇上一般選拔官吏，主要還是依賴科舉，而他要鞏固在朝廷中的地位，培植心腹，就必須控制科舉。和珅辦起了考前培訓，即私下收取考生的培訓費用，而這種應考培訓實際上是名義上的，並沒有實質的教學過程。更重要的是，和珅是主要的考試官員，透過這個身分，他更加容易地收取培訓費。考試入圍的考生，名義上就成為和珅的門生，一批親信如吳省欽、吳省蘭等，就團聚在和珅周圍了。

《清史列傳》載，說乾隆五十四年，有個山西舉人薛載熙赴京考取進士，本來很優秀的，但在複試時卻被告知已遭除名，無資格再行參加。後來才知道，這次是和中堂主持複試，原來是他沒有去「拜訪」和珅。和珅在乾隆面前回覆開除此人的理由是，這個人就學問而言還算中等，看他的試卷也沒有什麼大的毛病，可是詩卻寫得相當草率，還請皇上不用算了。當時正值乾隆母后八十壽誕，心情很好，因此批覆道：這還可以加恩寬免他，就交與和珅和諸位考官再進行商議。」可是大家一起討論來討論去，誰敢得罪和珅？就這樣，薛載熙被打發回了老家。

和珅由於掌握更多的利器，可以合法傷害更多的領域，因此他有機會獲取最大利潤，最後富甲天下，成為天下首富。

資訊也是一種資源，兩百多年前的和珅對這一點瞭解得非常透徹。乾隆可以說是天下所有人的最大的客戶，乾隆的一句話，就可以讓人一朝貴，想和他做「生意」的人大有人在。而和珅對乾隆的喜好瞭若指掌，因此他就充分利用起了這個資訊資源，做起了想升遷的人的諮詢顧問。

當時有一個叫國泰的人，他是泗陽縣的縣令，一個偶然的機會他認識了和珅，國泰其人，長得肥頭大耳，看起來非常蠢笨，很多人由此而很看不起他，但和珅卻認為，世上很多人往往看起來外表忠厚，其實是非常精明的，他認為國泰就是這樣一個人。於是也加倍籠絡，予以照應。

乾隆四十五年（西元一七八〇年），乾隆第五次南巡。和珅事先掌握乾隆的行程，就給國泰寫信，透露皇帝一定會經過泗陽。這就是他升官的一個好機會。按常理說，泗陽是一個小地方，乾隆不會在那停留的。應該怎樣才能使皇帝接見國泰，並賞識國泰，以達到升官的目的呢？和珅給他提供了一個計策，讓他在乾隆經過的地方修一個別致的行宮。國泰心領神會，馬上行動起來。

轉眼到了南巡的時候，和珅隨駕，乾隆果然按照預選的路線行進。很快到了泗陽境內。這一天，乾隆坐在馬車中，忽然聽到潺潺的流水聲，往窗外一看，車外開滿了桃花，落英繽紛，引得乾隆從車上下來了，隨著林間小路漫步入林，正精彩處，出現了一座別致的房子，一洗富貴之氣，有如世外桃源。乾隆大悅，當即命和珅召見國泰。國泰應對頗為得體，很討乾隆歡心，引為能臣，當即降旨擢升他為道台。國泰如願以償。

和珅小試牛刀，就有如此驚人的成就。這個消息在大清朝流傳開了，有志做官的人爭先恐後地向和珅諮詢。和珅的這條財路越開越大。在乾隆的第六次南巡途中，和珅又成功地幫助了一個人走上了仕途。

汪如龍是揚州的大鹽商。他本係世代書香，祖父曾經在康熙時候當過道台；父親在乾隆初年當過知縣，但性不愛名利，非常敬仰陶淵明，後辭官歸隱，追隨「揚州八怪」之一的鄭板橋學習書畫。汪如龍從小在父親的悉心教導下，琴棋書畫樣樣精通。本來他也想走「學而優則仕」的道路，但可惜時運不濟，科舉多次皆名落孫山。祖輩父輩淡薄名利，到他時家計已經十分艱難，迫不得已，他棄文從商。他的才華用在經商上，竟然大放異彩，沒過幾年，他成為了江南大賈。

但中國的傳統尊卑觀念在社會的價值觀中佔了主導地位，商人即使擁有再多財富，也是處於社會的底層，無法登入大雅之堂。沒有權力，財富同樣無法保障。汪如龍一直尋找登上官場的台階，以彌補多年來他不得已棄文從商的遺憾。

一個偶然的機會，汪如龍認識了和珅，皇帝身邊的寵臣。也許他們之間有過長長的交談。或許他們之間還有惺惺相惜的情感，因為他們的前半生，都有差不多的經歷；又或許汪如龍曾對和珅使用大手筆。但不管怎樣，可以肯定的是，和珅非常欣賞汪如龍，他答應了將他托舉上位。

不久，乾隆決定南巡，這是他一生中的第六次南巡。和珅明白，汪如龍的機會來了。他給汪如龍寄了一張美人畫像過去，讓汪如龍照著畫像找一個美人來。原來，這張畫像上的美人就是歷史上有名的香妃，也即現實中的容妃，從正史和野史都可以知道，乾隆非常寵愛她，曾經給她修了一個樓，就是有名的寶月樓。可是到第六次南巡的時候，她已經香消玉隕了，乾隆非常懷念她，經常望著寶月樓黯然神傷。

和珅觀察到了這一點，就給汪如龍寫了一封信。汪如龍果然不負重望，找到了一個外表和容妃非常像的女子。到乾隆南巡的時候，和珅很巧妙地給乾隆引見了汪如龍。而這個外表和容妃很像的女子，使乾隆似乎回到了年輕的時候，回憶了很多美好的東西。因此，他對汪如龍十分滿意。和珅馬上乘機推薦汪如龍，想必還說了汪的家世背景之類的吧，說得非常動情，加上汪如龍奏對頗得體，乾隆龍心大悅，同意提拔他為兩淮鹽政。自古以來，因鹽、鐵中的利潤驚人，故一直為政府專賣；而政府鹽政更是人人垂涎的肥缺，一任鹽政下來，無不富甲天下。汪如龍喜出望外，重重酬謝了和珅。

和珅充分利用了他的資訊資源，給自己拓開了一條財路。如果說以上這些方式多少有點貪財枉法、以權謀私，實際上，和珅的很大一部分家產還是透過正當的商業經營得來的。

中國傳統社會中，向來對商人抱有成見，從孔子時期開始，就把社會分為尊卑不同的四個等級：士、農、工、商，商人是處於社會價值體系中最底層的一個群體，因此歷代的商人，一旦有了錢就會想透過各種管道，賄賂當權者，來謀個一官半職，以便提高自己的社會地位。這種思想流傳了幾千年，到了乾隆朝，仍然極少有官員願意結交商人，更不要說將自己變成商人了。

但和珅卻不管那麼多，在他的觀念中，經商並不丟人。經商同樣是創造財富的一種方式，因此他在商業領域廣泛投資，開有當鋪、銀號、古玩鋪，除了這些之外，還經營糧店、酒店、灰瓦店、瓷器店、櫃箱鋪、弓箭鋪、杆房、鞍氈鋪、小煤窯等。此外，他還用超前的眼光看到了跨區域商貿的好處，購置了八十輛馬車，做起了長途販運，這種送貨上門、服務顧客的思想，直到今天仍有積極意義。商業，是他最重要的財務目標之一。

土地是封建社會最重要的財富，最為投資眼光一流的和珅，自然不會放過。

和珅擁有的土地據說有八千頃，即八十萬畝，但據有史實可考的清廷文件記載，和珅共有一千二百六十六頃土地可以收取地租。但無論如何，史學家考證，和珅擁有八千頃土地，應該是有可能的。其分布大部分在河北一省，另外的主要分布在以保定為中心的北京南部，包括清苑、鑫縣、易縣、定縣、青縣、雄縣等，最遠的甚至在東北奉天的錦州地區。

和珅的土地來源主要有兩種方式，一種是乾隆的封賞，另外一種是和珅用錢收購的。土地的收入主要來自於地租。《紅樓夢》就曾經寫到年終收地租的場面，送來的東西非常的多，簡直讓人眼花繚亂。而且還是欠收年，才八九個莊子送來的地租。此外，他們來交地租都要走一個多月，可見土地之多，之遠。因此我們可以想像一下，和珅擁有那麼多土地，又該是怎樣的情景？所以，和珅在土地方面的收入，應該是不可想像的。

和珅充分利用了他手裡所有的資源，確立了自己的投資獲利目標，並終其一生都在實踐。他成為巨富，也就不奇怪了。

美國最著名的投資家巴菲特（Warren Buffett），是美國唯一靠股票投資成為億萬富翁的人。巴菲特從小就顯露出賺錢的天才。他十一歲時，曾勸姐姐以每股三十八美元買了三股「城市服務公司」的股票，不久股票下跌到二十七美元。姐姐擔心自己的全部積蓄將化為烏有，每天責怪巴菲特不該讓她上當。後來股票慢慢回升到四十美元，巴菲特趕快賣掉姐姐的股票，去掉手續費後淨賺了五美元。但是這家公司的股票緊接著就上漲到每股兩百美元。從這件事上，巴菲特獲得了他終身遵守的兩條準則：

第一，設立目標必須透過嚴謹的思考和精密的測算。第二，目標設立後，絕不輕易放棄和改變，尤其是核心目標。

巴菲特終身信奉美國財務分析之父葛拉漢的價值投資法，即成功投資的重要因素，取決於企業的實質價值和支付一個合理划算的交易價格，而不必在意最近或未來股市將會如何運行。巴菲特把企業分為兩大類：一般商品型企業和特殊商品型企業。一般商品指消費者總是能買得到的商品，如果這類商品的價格提高，更多的商品就會生產出來。商品的高價格會無限制地吸引競爭者製造商品，直到無利可圖為止。特殊商品指獨此一家生產這種產品，他人沒有能力競爭。外來的競爭者很難與特殊商品型企業競爭。

巴菲特在投資上奉行目標少而精的原則。他認為投資的公司一多，投資者對每家企業的瞭解就相對減少。所以他不主張投資過於分散。他認為，投資多元化說穿了是投資者對所投對象瞭解不足的一種保護性措施。在他四十年的投資生涯裡，只有十二個投資目標，使他擁有了現在的地位。

巴菲特在作新的目標確認前，將達到目標的可能都有非常精確的估計，有了絕對獲得的把握，他才會進行實施。一九九三年，巴菲特購買了一家深受顧客歡迎的家具公司。這家公司的創辦人是一位俄國移民，從未受過正式教育。巴菲特見到她的時候，她已經是九十歲高齡，但仍精力充沛地每天上班，坐在打高爾夫球用的三輪車上在公司來回奔波。有一天，巴菲特到她店裡問她願不願意把家具公司賣給他，她當即開價六千萬美元。巴菲特沒有還價，徑直回到辦公室開了一張六千萬美元的支票給她。這位老太太問他怎麼沒有請律師和會計師，巴菲特說他相信她。

在清點存貨時，她才發現家具公司值八千五百六十萬美元。不過一言既出，她不願毀約，只是非常吃驚，因為巴菲特當時似乎想都沒有多想一下。原來他早已認定家具公司值多少錢了。

和珅時代，沒有股票，但巴菲特的投資原則，和珅一樣運用得十分嫻熟，正所謂英雄所見略同。

合理組合，最大獲利

「一＋一」可以等於一，也可以大於或小於一。怎樣利用手裡的資源非常關鍵。和珅就是這樣一個進行資源優勢組合的高手。

資源具有獨特性和一般性。獨特的資源和一般的資源結合起來，往往會產生非同一般的效果。和珅將公共關係資源和商業經營結合起來，財富自然源源不斷。

乾隆四十一年（西元一七七六年），和珅擔任了內務府的總管大臣，並掌管了內務府糧庫、綢緞庫、顏料庫、御膳房、選辦處、上馬四院、太醫院、御藥房等，同時，他還負責各種內宮所用物品的製造，國家的慶典，以及宮廷所有的建造維修工程項目。

與此同時，和珅的經營之手也伸入了商業領域，他開設了糧店、酒店、櫃箱鋪、弓箭鋪、灰瓦店等店鋪。這正好和大內的大部分需要不謀而合。是巧合嗎？

曾經有很多歷史學家和經濟學家說到和珅的貪的時候，總會舉出他擔任了多種牽涉到錢銀的職位，這麼大的誘惑，和珅不貪不太可能。這其實是一種想當然的想法。自然，和珅從他的這些職位中獲利良多，但他從中獲利的主要途徑卻是透過商業經營！

接手政府的業務，也許會讓每個渴望財富的商人的眼睛發光。因為，這幾乎是企業利潤的保證，不僅量大，而且資金也有保證。歷來掌管朝廷採購的官吏，很多都以此挾以為利，收受官商的賄賂，而商人用大量金錢得來的項目，自然要賺取足夠的錢才行。故此經常出現貨次價高的情況，使錢財大量流失。《紅樓夢》談到這樣一件事，探春協理榮國府的時候，裁減了幾個重疊開支的項目，其中一項是姑娘丫頭們所用的頭油脂粉錢，探春發現：「姑娘丫頭們所用的頭油脂粉本由買辦統買，但由於經辦此事的人「不是脫了空，就是買的不是正經貨」（第五十六回），結果弄得半數人又用自己的月錢去託人採買。探春在查清原因後決定，「饒費了兩起錢，東西又白丟一半！不如竟把買辦的這一項每月蠲了為是。」深切封建社會的買辦之弊。

深夜，內務府總管大臣的辦公處的燈火依舊通明。燈下的和珅審視著千瘡百孔的內務府的帳目時，他天生商人的頭腦開始轉動起來：仍舊找買辦採購，內務府資金缺乏的問題無法解決。如果不用買辦呢？所有的一切自己直接購進。對！乾脆自己來開一些店子，這樣既可以解決內務府的財政弊端，自己也可以賺到豐厚的利潤。何樂而不為？

不久後，內務府的人們發現，所有採購東西的事務都由和大人統管了，所購的東西品質很好，帳面的虧空也慢慢減少終至平衡了。而和珅，摸摸漸漸鼓起來的口袋，欣慰地笑了。和珅嘗到經商的甜頭，隨著他的職位越來越多，他的投資也漸漸擴大到了更多的領域。甚至，在接到擴建避暑山莊和擴建圓明園等工程的時候，他還開了與一品大員的身分很不符合的「灰瓦店」。

和珅實際上掌控了國家的財政大權，但在一定程度上，也承擔了相應的責任。

乾隆年間，儘管是太平盛世，但卻也戰事不斷，軍費開支歷來佔國庫開支的一個相當大的比重。歷代王朝，都為此而頭痛不已。和珅就經常擔負籌集軍餉的責任。但和珅卻每次都很順利地完成任務。因為，在開當鋪，開古玩鋪的同時，他還開有銀號四十二座，金融實力非常雄厚。而作為政府，其實也是需要融資的。和珅的銀號在戰時給政府融資籌集軍費，等到政府國庫收入充盈的時候再還錢，也獲得了豐厚的利息。和珅一方面完成任務，另一方面他自己也賺了錢，可謂一舉兩得。

事實上，和珅除了將商業資源和政府資源很好地結合之外，他利用當鋪來獲得土地資源的方式同樣顯露出了他精明的商業頭腦。

有歷史學家認為，給和珅帶來最多財富的，還是兼併土地。而他的土地中，除了皇帝的封賞外，還有相當一部分是他透過當鋪出錢買的。

中國是農業大國，土地歷來是生產者最重要的生產資料。在中國的傳統社會裡，土地買賣是一件大事，賣土地是敗家子的行為，很少有地主輕易出賣土地。但乾隆中後期，白蓮教起義以及許多社會不安定的事件發生後鬧得人心惶惶，很多土地的收入也不能保證。很多地主不願意再保有土地，而希望把土地轉換成更保值的金銀、更易攜帶的金銀。地價因此而大大下降。天生具有商業頭腦的和珅，瞅準了這個時機，壓低地價，大量購進土地。其中，利用當鋪購買土地的「典買」是其主要方式。

根據記載，和珅用此方式，即購得了鑫縣金鐸、清苑縣王君賢，寶坻玉福、任邱玉全的土地，以及吉慶於北京西直門外白塔庵、耿楊於清苑縣、文善於宛平縣、隆善於易州，柏英於保定府城縣的大片土地。

將資源有效地組合在一起，可以使資源更充分地利用。將資源有效組合，更是一種智慧。《史記》中記載著這樣一個故事：齊國大將田忌和齊威王賽馬，他們把各自的馬分為上、中、下三等，可齊威王每個等級的馬都比田忌的要強，田忌非常沮喪。他的朋友孫臏給他想了一個辦法，讓他用下等馬對齊威王的上等馬，中等馬對齊威王的下等馬，上等馬對齊威王的中等馬。比賽結果令大家大跌眼鏡，田忌贏了！只是改變了一下出場順序，結果就反敗為勝。資源組合的威力可見一斑。

如何花錢最實惠？

在《清史稿．和珅傳》裡，找不到和珅理財的隻言片語。但不可否認的是，和珅的確是一個理財高手。他受寵很大一部分是由於他的理財功夫。從他流傳於世的事蹟中，我們可以尋到一些蛛絲馬跡。

內務府是皇室的財政機構，主管包括皇室日常用度在內的一切開銷。乾隆是歷史上有名的「富貴」皇帝，經過乾隆多年的奢華生活，內務府的財政狀況非常糟糕，府庫空虛，捉襟見肘。據史料記載，在和珅做內務府大臣之前：「本府進項不敷用時，擻取戶部庫銀以為接濟」，入不敷出的時候，經常挪用戶部的銀子來應急。

乾隆四十一年（西元一七七六年），乾隆皇帝把內務府交給和珅。其時，和珅剛剛踏上官場，但他明白，能否做好，關係到他以後的前途。史書對這段和珅初當內務府大臣的歷史沒有詳細的記載，我們僅僅可以知道的是，和珅擔任內務府大臣沒幾年，內務府的狀況就徹底改觀了。不僅可以自給自足，而且還有多出的銀兩來接濟外府了。

內務府每年有一件大事，就是乾隆的壽辰。在和珅以前，因為內務府囊中羞澀，這件事對內務府大臣來說，是一件苦差：辦得盛大吧，沒錢；辦得簡陋吧，皇帝不高興。但和珅卻使大家都皆大歡喜，他是怎麼做到的呢？

史書記載，乾隆五十五年（西元一七九〇）年，乾隆八十大壽，他像往年一樣下御旨給內務府，要求務必節儉，不可鋪張，其他的就交給和珅去辦了。「務必節儉，不可鋪張」，這是每個封建帝王的套話，乾隆性喜奢華，和珅當然十分瞭解。他眼珠子一轉，想到了一個辦法，那就是，讓大臣為皇帝的生日買單。

和珅把這層意思散播出去，想藉此表示忠心或想找升遷台階的官員無不踴躍響應，捐獻頗多。按朝鮮使者的紀錄：「皇帝雖立節省，而群下奉行、務極侈大，內外宮殿，大小儀物，無不新辦，自燕京至圓明園，樓台飾以金珠翡翠。假山亦設封院人物，動基機括，則門窗開闔，人物活動，營辦之資，無慮屢萬，而一毫不費官需，外而列省三品以上大員，俱有進獻，內而各院部院堂悉捐未俸，又以兩淮鹽院所納四百萬金助之，方自南京營運，及其輸數云。」

經過和珅的細心籌備，慶典辦得非常奢華、隆重。當時來參加慶典的朝鮮使者就有記載。內外宮殿，大大小小的儀物，都是新的。從燕京到圓明園，所有的樓台都用金玉翡翠來裝飾，假山也設封院人物，用機關就可啟動，非常活靈活現。所有的用費加起來，不知道要多少萬，但沒有一分一毫動用了府庫的銀子。外省大員三品以上的，都有進獻；在京各院部院堂的官員都捐獻了俸祿，而當時兩淮鹽院（汪如龍時任兩淮鹽政）則將所收的鹽稅四百萬兩銀子來給慶典增色，可見場面之大。乾隆皇帝對此非常滿意。

乾隆曾六次南巡，前四次每次花費的銀兩都非常多。弄得國庫空虛，苦不堪言。可是自從和珅當了乾隆的理財大臣以後，乾隆的第五、第六次南巡，和珅號召天下，為了感謝皇恩浩蕩，大家自願捐獻。這樣一來，無論是朝中官員，還是江南想與官場搭上關係的富商，都紛紛捐獻。因此，沒有花費內務府的一分一毫，皇帝還玩得特別開心，對和珅十分讚賞。

除此以外，和珅對政府的財政管理像管理自己的家產一樣精打細算，頗費了些心思，除了內務府大臣外，他還長期兼任崇文門稅關總督。京城自明朝以來就設有稅關，對進出京城的官員和商人收稅。明朝時有九道，到清朝調整統一為一道，即為崇文門稅關。經過和珅的悉心管理，崇文門以每年十七萬三千二百兩的收入位居全國三十個稅關的第四位，遠遠高於其他的關口。

和珅管理國家的財政盡心盡力，管理起自己的財富來就更不用說了。

乾隆四十一年（西元一七七六年），和珅剛剛被擢升為戶部侍郎、軍機大臣，正是春風得意的時候。在這之前，他一直和弟弟和琳住在同一座府第。但當了軍機大臣後，再住在一起，一來地方太小，二來也要避避嫌疑，因此和珅打算自己另外蓋房子，把原來的留給弟弟住。乾隆皇帝在什剎海畔三座橋附近賜給他一片廣闊的地皮，和珅在建設的時候頗為費心。房子精美別致，園林之景，美不勝收。但和珅在他的房子上，花的錢卻很少。

原來，和給乾隆理財一樣，他也採取了借助外界的力量的方法。他蓋房子所要的木料、磚瓦等，都是由各地官員自願饋贈的；給他蓋房子的工程團隊，不是民間工匠，而是他步軍統領衙門的兵丁和巡捕五營的步甲等人這上千人的工程團隊，根本無需費心專門管理，統領衙門的下級將領就會將他們帶領得井然有序。這樣，他的豪宅很輕鬆快捷就建立起來了。

不僅如此，據說，和珅在用錢方面還很謹慎，甚至到了吝嗇的地步。和珅初和馮氏結婚的時候，家中一切開銷銀兩，和珅都要親手稱量。太太帶過來的婢女都不堪其吝嗇，常常抱怨。

和珅在其經商理財過程中，完全按照商業規則，「親兄弟，明算帳」，如其放高利貸，即使是親戚朋友，他也照收不誤。他幼時曾經多次向外祖父嘉謨借錢，但其暴富之後，他的舅父向他借錢，也需要鋪面房產抵押，如果無法歸還，抵押的鋪面房產就屬於他了。

當然，在和珅的理財中有以權謀私成分，但他善於借助各方面的資源的方式以及節儉和公私分明的態度，卻是一個理財者應有的基本態度，也是至今散布在世界各地的華商可以成功的法寶之一。曾有這樣一個故事，說李嘉誠花一百港幣雇人從下水道裡打撈一個十元的港幣，「海納百川，其容乃大」，不管這個故事的真實性如何，但那的確是一個富者對財富最珍貴的態度，即分文都寶貴，絕不讓其埋沒，而要使其有用。也許正因為有這樣一種態度，李嘉誠可以站在今日的財富巔峰。李嘉誠曾經在一次洽談會上說，我可以在一分鐘之內拿出一億港幣絕對不眨眼，但是誰要是拿我的一個港幣去揮霍，我絕對不能容忍。《財富》雜誌是這樣評價李嘉誠的：一位既有賭徒的天賦，又善於計算的企業家；一位喜愛賺錢多於花錢的人。

對個人來說，一生佔有與享用的財富是有限的，也許這只是個人人生自我實現的一種方式，但對社會來說，這筆財富的積聚與獲得，在客觀上可以產生一定的有利效果。得之社會，回饋於社會，才是一個富者對社會負責的態度。和珅由於時代的局限性，並沒有機會接受這種價值觀，但對於現代的富翁來說，卻是實踐的不二法則。比爾・蓋茲的財富富可敵國，但他會利用手中的財富，不斷地回饋於社會，幫助那些佔用資源少、機會少的貧困人群，獲得個人價值與社會價值的雙重實現，他曾經投資一億多美元，用於葛蘭素史克公司對瘧疾疫苗的臨床試驗，支持人類戰勝瘧疾；向加州的電腦歷史博物館捐助一千五百萬美元；捐助三十三億美元支持非洲愛滋病患者治療。李嘉誠也同樣是如此，他在香港和中國各個地方廣泛從事慈善和公益事業，他還捐資興建了汕頭大學。

財富與個人價值、社會價值之間是相輔相成的。懂得這層關係，錢才能發揮最大的作用。

和珅的理財因為有「位極人臣」的背景，所以顯得特別順利，而且我們說和珅的理財沒有一點風險也不過分，因為在乾隆死去之前，和珅不論是官運還是財運，都暢通無阻。和珅是一個千載難遇的人物，而我們，也許有過人的素質和能力，但是投資理財的誤區和風險絕對不會像躲和珅一樣避著你。現代人應該怎樣規避理財額風險呢？主要有以下幾個原則：

切忌追逐短期暴利。彩券這樣多半靠運氣的短期暴利「投資」，其實不是真正的投資。靠一夜暴富是不可能的，我們面對投資理財要有耐心。投資不會立竿見影，要沉得住氣；其次，避免過分保守，要積極想辦法增加財富，才是明智的。

抱著一顆平常心，只要保證這筆投資只是你投資組合的一小部分，它不會給你的長期財政狀況構成負面影響即可。就把它當成可以玩得起的遊戲練練手罷了。

大膽心細。「投資者必須切記，亢奮與交易成本是投資的兩大敵人，」股神巴菲特曾說：「如果投資者堅持要定時參與股市投資，也要有反向操作的觀念，也就是說當市場一窩蜂搶進時，你要站在賣方，當大家都不敢進場時，這時就要有大膽敲進的積極心態。」多一份創意和頭腦，總會發現隱藏在身邊的財富。

但也有人表示：「反向操作策略說起來容易，但實務上要貫徹執行相當困難。」所以不僅要膽大還要心細，鎮定才能「做好」又「做大」。

推敲投資學問。投資就是一門學問，在多吸取他人經驗的同時也多注意自己去推敲其中的學問。比如股票型基金受到股票市場波動性較大的影響而收益率波動性相對較大，不同時點的投資成本高低不一。然而，判斷出一個相對低點再買入的機會並不十分容易，多數情況下往往是低了還會更低，漲了就不回頭，「選時」是一個知易行難的事情。

但只要細心推敲，我們不難發現，如果是選擇了定期定額的投資方式，每個月定期定額買入，既有在相對低點成交的，也有在相對高點成交的，但是在整體上而言，卻可以做到風險均攤，成本分攤，中長期享受市場平均收益。

捷徑最輕鬆。雖然條條大路通羅馬，我們還是要尋找捷徑，這樣輕鬆上路不更好？金錢世界很神奇，複雜的方法只能賺小錢，簡單的方法才能賺大錢，而且方法越簡單越賺大錢。

就拿股市來說，記住「低點買，高難賣」這六字真言，你就可以不用看K線圖，不用盯著大盤，邊玩邊賺錢。這樣的「休閒金錢」有很多，只要拿出智慧，賺錢就如同撿錢。

利用好投資工具。在很多銀行櫃檯，你能瞭解到各種收益水平和風險水平的投資工具，利用好它們投資便不再複雜。

過去投資很不方便，需要到專門的證券交易所去辦理，門檻也不低。而如今，透過電話、網路就能瞭解到各種資訊，甚至連以前門檻很高的開放式基金門檻也有所下降。低利率的銀行存款讓你感覺不痛快，可以選擇這些投資方式來理財。

致富秘訣之五：錢利相生出高招

錢是怪物，你對它越是膽怯懦弱，它便越是目中無人，對你不理不睬，不聞不問；相反的，你若是對他敢做敢為，用心錘鍊，它便能為你做驢做馬，甘願驅使，還能為你瞅準機會，鑽入聚寶之盆，幫助你賺得缽滿盆滿。

所以會賺錢的人，不僅懂得生財有道，還懂得讓錢的子子孫孫為自己帶來無盡的好處。世界上不是缺少錢，而是缺少發現錢的眼睛。

敢為人所不敢為

嘉慶曾經說和珅：以宰相的身分，竟然去經商，與老百姓爭飯吃。的確，這是很難想像的！和珅以一個首輔大臣的身分，敢為人所不敢為，大失面子去經商，並且規模之大，經營範圍之廣，均為人所不及，可謂前無古人。

雖然中國古代一直將商人置於較低的社會地位上，為人所輕賤，但是世人對這個群體卻一直存有一種複雜而矛盾的心態——既羨慕又鄙夷。羨慕的是他們創造的財富，然而對他們在經商過程中的某些投機鑽營、唯利是圖的做法，人們又頗有微詞。《荀子．儒效篇第八》曰：「眾人者，工農商賈也。」

可是，不得不承認，商賈是一個地區一個國家富裕的不可缺少的社會經濟力量，就連司馬遷也承認這一點，《史記．西南夷列傳第五十六》就記載，因為巴蜀的人很會經商，所以巴蜀很富裕。雖然，他同樣是對商人帶有偏見的，如在《呂不韋列傳第二十五》說呂不韋是販賤賣貴，所以才成為大富翁的。正因為歷史上一直存在的這種根深蒂固的偏見，所以才有俗語說：「無商不奸，無奸不商。」

但是，就算在這種背景下，和珅照樣什麼生意都做，只要利潤夠高，悉數拿來，如銀號、當鋪、糧店、酒店、古玩店、瓷器店、灰瓦店、旅店、弓箭店、櫃箱店、鞍店、煤窯、高利貸、兼併土地……另外，據說他還購置了八十輛大馬車，做起了長途販運！同時，因為和珅多次陪同乾隆南巡，對鹽商很熟，而鹽的利潤驚人，和珅肯定心知肚明，所以極有可能與之一起做過鹽生意。

不僅如此，乾隆後期，白蓮教起義弄得人心惶惶，大量地主拋售土地，但和珅卻在這個時候大量購進，再一次與整個社會的潮流背離。

和珅就是這樣，在重農輕商的文化氛圍中，和珅可以以一人之下萬人之上的身分去經商，注重實際經濟效益，不怕別人說三道四，不怕別人看他不起，恥笑他；在整個社會都不看好擁有土地的時候，大量吸進土地。他的膽量和氣魄，的確非常讓人佩服。遇事畏畏縮縮，是難以成就大業的。只有具有「敢為天下先」的膽量和氣魄的人，財富才會青睞他。在新加坡，有個叫黃木榮的人號稱「丁香大王」，他是東南亞屈指可數的億萬富翁之一。黃木榮出生在一個天下並不太平的時代，十二歲的他因為家境貧寒被迫隨家人離開家鄉，背井離鄉地來到了印尼。

在印尼，黃木榮在父親開的雜貨店裡打雜，還時不時地幫幫賣豆漿的母親一些忙。雖然一家人都很努力地工作，但是他們的生活品質並不高。一個很偶然的機會，黃木榮到了船上工作。那年，他十五歲。

在跑船期間，細心的他發現很多較為偏僻的小漁村非常封閉，日常用品的供應也十分匱乏。他覺得他的機會來了，但是苦於沒有資本租不到船，他只能和船主商量合作：他出錢購買貨物，船主負責將這些貨物運到鄉村。贏利所得五五分帳。

當時，正是當地的多事之秋。很多經商的人都撤離了這個地方，而且大部分實業家都關了門觀望著時局的發展。這時候，黃木榮表現出成就他億萬富翁的特質來了，在這種人心惶惶的情況下，黃木榮不但沒有打道回府，反而加大了投資——他租了七艘往鄉村送貨的船。人家把社會動盪當作經商的災難，他卻把它當成難得的商機！這就是膽識！

一九六三年，馬來西亞和印尼發生政治摩擦，局勢再一次不明朗起來，人們也再一次變得惶亂不安起來。當時的黃木榮已經移居新加坡，並開始了丁香、咖啡和房產經營。在很多大的實業體紛紛將資金轉往「安全地帶」時，黃木榮卻按兵不動，他說：這麼多人將資金撤走，給市場一定留下了大量的空缺。我們如果也走掉，想要再回來搶佔市場，就註定會有一場惡戰。所以我們不走，乘這機會搶佔一切可能的市場！

事實證明，黃木榮再一次勝利了，他在印尼的丁香市場上繼續扮演著「創匯主角」的角色。在當時政府看來，黃木榮的行為是典型的「愛國主義」，於是給了其實業體難以想像的支持！從此，黃木榮就成為享譽全球的華人億萬富翁。

無論是黃木榮不懼戰亂的威脅也好，還是和珅甘冒「天下之大不韙」也要，都向我們傳達了這樣一個資訊：要致富，就得有膽量！敢為人所不敢為，我們方能成功。

很多時候，機會就隱藏在大膽的決策背後。如果沒有那一次次危險的投資，李嘉誠也許還只是一個營業額逾千萬的「塑膠花大王」而已，在資產上難以實現質的突破。一九五一年至一九五九年間，由於政局動盪，香港人口劇增五〇％，廉價勞工多起來，但工廠興建的速度趕不上需求，租金因而上升，開工廠的每每為找廠房而大傷腦筋。長江塑膠花廠激流勇進，在一九六一年，買地建起十二層高的長江大廈，除了自用以外，把剩餘的單位出租，開始首次踏足地產業。一九六五年至一九六七年，香港發生銀行擠提及暴動事件，樓價狂瀉，許多地產商因而焦頭爛額，被迫低價賣出一些未完工的地盤。李嘉誠此時當機立斷：別人不要，我要！於是冒著風險，大膽投資，將觀塘、柴灣、黃竹坑等地的建工廈買下，取名「長德」、「長華」、「長彙」等，全部作收租用途。這些地皮到一九七〇年，長江單是每年的租金收入便有四百萬，利潤較塑膠花還好。透過這次投資，李嘉誠逐漸意識到地產界的潛力，於是大力投資開發地產，最終累積出不可思議的財富。

當機立斷，將不可能轉變成可能，是每一位巨富共同的特點。三個月能做什麼？在國中讀書的人恐怕還沒有上完一個學期，但是在索羅斯手中，他就在三個月的時間內賺了十二億美金。比爾・蓋茲成為世界首富也只用了幾年的時間。他們有超人的能力？或者上天註定他們就是億萬富翁的命？當然都不是，他們成功的秘笈就在於：敢於在大多數人還在猶豫不決或者在形勢註定對自己不利的時候大膽地採取實際行動！

官商合作，錢利方能相生

在中國的歷史上，商人多與政治有瓜葛，事實上，在一種特殊的環境下，商人也唯能透過政治才能展開商業活動，進而得到他們渴望的財富，這就是所謂的官商勾結，拿現在的商業語言講就是官商的商業合作。因為，很多時候，錢利方能相生，尤其是在中國的古代。

呂不韋曾經和他父親有一段精彩的對話：

呂不韋：「如果耕種田地，能獲得幾倍的利益？」

父親：「可以獲得十倍的利潤。」

呂不韋：「如果經營珍珠玉器，可以贏得幾倍的利潤？」

父親：「能獲得上百倍的利潤。」

呂不韋：「如果幫助扶立一國的君王，可以贏得幾倍的利潤？」

父親：「這樣就可以獲得無數的利潤了。」

呂不韋因此頓悟。他毅然地去資助當時作為人質在趙國的秦公子異人（後改名為子楚），最後使他重返帝位，而他也獲取了無數的利潤。

中國古代有很多透過官商合作而成功的例子。著名的晉商的成功在很大程度上也是官商合作的成功，特別是清朝。早在清兵入關之前，明清晉商便以包頭、張家口為基地，穿行於關內外，與滿人建立了經濟上與人事上的關係：「時有山東、山西、河東、河西、蘇、杭等處在撫順貿易者十六人，皆厚給資費，書七大恨之言，付之遣還。」當時晉商在與滿人的交往中，除了充當著滿人的物資供應商這個角色外，同時還承擔著關內情報提供者的身分，對滿人順利進關，產生了不可低估的作用。正因如此，清政府入關以後，甚至還特意邀請了一些邊境晉商入京，設宴招待了他們，並賞賜其上方服撰。

晉商與滿人的這種特殊關係，使得很多晉商可以比較輕鬆地將自身的優勢與清朝的政權結合起來，他們一方面可以利用的財富滲透進清朝的官場中，利用政治擴大商業影響力，同時清政府也因為他們對鞏固清朝政權、增加財政收入具有非凡意義，因此對他們也是頗多照顧。他們其中的一些人就長期與清朝萬縷的關係，成為擁有一定特權的商人，倚仗威權發家致富。如介休縣的范永斗一族，其後代不僅買斷過清廷的辦銅業務，祖輩還被追贈為驃騎將軍、資政大夫，至毓字輩與清字輩任現職的達數十人，是當時炙手可熱的一門豪貴。

而咸豐朝以後，因為財政極度困難，政府不得不實行賣官鬻爵以補充財政收入。而晉商中的貨幣商人及時抓住機會，從巴結當權者，轉變成為捐官者代辦捐納、印結的角色，由重商輕仕走向了官商兼顧、官商相維，為官商合作發掘出了更加開闊的領域，最終將山西的錢莊生意發展到了極致。

在中國的封建社會裡，商人要取得商業上的成功，往往要透過官商合作。這是因為，一方面，商人在那樣的社會裡地位和利益是無法得到保障的。長期以來的抑商政策，給商業的發展設置了重重障礙，不僅苛捐雜稅多如牛毛，且由於人治的弊病，官府的權力過大，隨意性太強。但所有的障礙幾乎是為權力階層也即官僚階層之外的平民所設。想要保障自己的權益，必須要擁有特權，才能破除障礙。因此，在歷史上，商人總是千方百計地要與官場搭上關係。

但是，因為官商所依賴的是權力，而權力往往是此消彼長，因此他們往往也因此成為政治的犧牲品，一旦他們所依附的政治崩潰，他們也隨之瓦解，如呂不韋、胡雪巖。呂不韋可謂中國歷史上的第一個巨富，也是第一個成功的商人。他透過商賈，接近了政治，進而成為丞相，把持朝綱。呂不韋的思想帶有平民色彩，如他在《呂氏春秋・上農》中就明確提出：「農攻粟，工攻器，賈攻貨。」他非常重視商業的發展，為了方便經商，他還統一了各國的度量衡。隨著商業的繁榮和發展，給秦國帶來了傲視天下的富裕，為後來秦始皇的統一奠定了堅實的物質基礎。隨著權利的增大，呂不韋後來捲入了宮廷醜聞，自殺而亡。

胡雪巖和呂不韋同樣，他是透過財富買到了官，以商人身分被清廷賜二品頂戴、賞黃馬褂、准紫禁城騎馬，史稱紅頂商人。在近代商人中，胡雪巖是非常精明強幹的人，他看到了官府對商人的重要作用，於是便不惜一切代價來爭取到政治人物的支持，透過官的權利和網羅關係，胡雪巖又獲得了更多的商業發展。胡雪巖「由錢莊起家，設典當，倒生絲，以金融為龍頭；販軍火、籌軍餉、借洋款、辦船廠，層層托靠，坐收漁利；周旋於官府勢力、江湖漕幫、洋商買辦、三教九流之間；他生逢亂世，結緣權貴，納粟助賑，左右逢源；進而大富大貴、大紅大紫，天下無人能比！」然而胡雪巖最終還是失敗了，千金散盡，當他遣走最後一個夥計的時候，很難說他是敗在政治和洋人的手上，還是敗在一種根深蒂固的文化背景裡。

和珅在商業上的成功，除了他個人精明幹練，頗具商業頭腦之外，在那樣的歷史環境下，和他在政治上的地位顯然是息息相關的。實際上，據史料記載，在清朝，有很多官員和皇室人員他們同樣被商業的利潤所吸引，因此很多都或直接或間接地參與了商業經營。《紅樓夢》中的「豐年好大雪，珍珠如土金如鐵」的薛家，就是一個典型的官商，他們家與官僚家庭的賈府等家族存在著盤根錯節的關係。

和珅同樣是因為權利而獲得了巨大的財富，然而與晉商、與呂不韋、胡雪巖等不同的是，他首先是一個政治家，然後才是一個商人，他不是商人去依附政治，而是政治獲得了財富的依附。然而和珅和呂不韋、胡雪巖他們的結局卻是一樣的，最後，都是「竹籃打水一場空」。誰最終掏走了他們的錢包？在一個特定時代的政治巨人面前，有時候，財富顯得是那麼的脆弱而不堪一擊。

和珅的生意做得太大，以致嘉慶也「看不順眼」，說他「以首輔大臣，與小民爭利」。實際上是吃不到葡萄說葡萄酸，嘉慶是很「上眼」，以致他後來很不願意聽到大臣再提和珅抄家一事。和珅被籍沒家產後，副都統薩彬圖多次要求徹查和珅財產，惹怒嘉慶，遭到革職。嘉慶還專門說，難道我是貪財之人嗎？

這正是欲蓋彌彰的說法。和珅之富為人覬覦已久，以致當時的皇十七子不想當皇帝，倒只想要和珅的宅子，據《清朝野史大觀》記載：「慶僖親王諱永璘，純皇帝（乾隆）第十七子也……純皇帝末年，覬覦皇位者眾，王笑曰：『使皇帝多如雨落，亦不能滴吾頂上。唯求諸兄見憐，將和珅邸第賜居，則吾願足矣！』」嘉慶當了皇帝，果然把和珅的宅子賞給了他。

嘉慶四年（西元一七九九年）正月初三日，乾隆終於走完了他八十九歲的人生歷程，進而結束了他的乾隆時代，而和珅，此時也終於等到了或許早就預料到了的一天，他知道什麼都完了。從某種意義上說，這不是他和珅一個人的悲哀，而是被政治一擊即潰的商人的悲哀。也許，在嘉慶四年（西元一七九九年）那個上元月夜，和珅的腦海中會閃現一句叩問，然而他唯能苦澀地仰天長笑。

——怎樣創造財富，怎樣守住財富？

流逝無情的歲月，只能回答和珅和我們兩個字，商道。古人說，盜亦有道。何謂商道？商道，淺言之是商者要遵循的道德準則和行為方式，深言之是商者要實現的理想和承當的道義。商道，古往今來的商人在不同的時代去印證著這兩個字，繼續走在被輕視和被重視的矛盾之路上。今人之說《華商批判》曾經講過一個故事：「胡雪巖與左宗棠相約登高，見江心波光雲影，千帆競渡，乃問：江心有何物？一同前往的得道高僧說道，我只見到兩艘船，一艘為名，一艘為利，高僧之話頗具慧心，而胡雪巖卻說道，我只見到一艘船，既是為名，也是為利。」

旱澇保收的當鋪經營

典當提供的雖然是一種消費抵押貸款，但其實它是一種金融投資，也是一種資金融通方式。

當鋪，也謂「典當」、「質庫」、「長生庫」、「解庫」、「質肆」、「押店」等。當鋪是古時以物抵押來賺取高額利息的一種商業貸款形式，其營業性質是定期抵押放款。在押物與借款之間，有一個憑證，即「當票」。俗話說，窮人離不開當鋪。但當鋪「濟民」是虛，牟利是實。

古代當鋪的設計，規格都非常講究。當鋪門檻和櫃檯均要比一般店鋪要高許多，較高的門檻，可以使當戶入門時產生敬畏感與陌生感，容易被典當者的語言引導；櫃檯較高，以至於站在櫃檯前，常看不見櫃檯上的物件，同樣也有助於當鋪造成高高在上的優越感，當戶心虛恐懼，自然不敢和當鋪爭價。當鋪的門內大多要擺一列屏風，主要是營造當鋪的神秘感，不讓人看見當鋪內部的情形，當然，也是為當戶遮羞避窘。

當鋪給當戶付款時，還要按例先扣一個月的利錢，即便立刻去贖，也照算不誤。若平時你要去查詢你所當之物（行話「照一照」），也要加出利錢。如果你無力贖回，當鋪即用低價收購你手中的當票，使當物成為「死當」，商家再轉手賣出，以賺取更多的錢財。當鋪經營是一個旱澇保收的行業。清朝時期，北京有句諺語說的是：「窮不離卦攤，富不離藥罐，不窮不富，不離當鋪」。可見，當鋪在當時與人民生活息息相關的程度。

當鋪業最早出現在南北朝時期，距今已經有一千六百多年的歷史。當鋪是從最初的佛寺質庫逐漸成為典當抵押的一種行業。故每家當鋪的神龕上，都供奉著和尚的陶像。原因是和尚即是當鋪的始祖，所以和尚被典當業或公質業紛紛供奉為神祇，就如同屠戶供奉張飛一樣。

當鋪最鼎盛的時期是明清時代，據史考，僅乾隆年間，全國就共有當鋪一萬八千餘間。而和珅一共有當鋪七十五座（本銀三千萬兩），在附近的通州薊州地方，都有當鋪和錢店。由此可見，和珅當鋪經營的規模，以當時他的權勢和資金，一定不是很小的。清朝時期，就連皇帝也身為幾個當鋪的後當，可見當鋪利潤之誘人。和珅既然經商，當然不會放過這個銀錢滾滾而來的項目。據統計，乾隆初期，和珅開的為數眾多的當鋪，不但遍布京城的繁華街市，大道通衢，而且在保定、通州等地也星羅棋布地分布著。就連和珅的家人劉全、呼什圖等人，也經營著大大小小幾十座當鋪，史上有名可考的就有：永慶當、恆興當、合興當、恆聚當、慶餘當……

和珅的當鋪，除了典當一般的日常家用、珍寶古玩之外，前面提到的土地典當，獲利更加豐厚。和珅正是抓住了民間長期發生白蓮教起義、社會動盪的機會。有別於普通的現金購買方式的是，和珅利用了當鋪這個中間媒介，採用當時所謂的「典買方式」，土地主可以類似去典當行當東西一樣，將土地典當給和珅，等有錢了可以再贖回去，但是在這期間，土地上的一切收益就全歸和珅所有。因為具有可伸縮性，因此典當的價格自然要遠低於市價，有些土地的價位甚至不足市價的十分之一。而事實上，時局動盪，僅憑一己之力賺錢是非常困難的，所以原來的土地主，根本沒有能力贖回、或者不想贖回自己的土地，於是這些土地就成為和珅的永久財產。就這樣，和珅利用當鋪，透過極少的投資便獲取了極大的回報。

在和珅所處的那個時代還沒有「金融投資」這個概念，但金融投資（以典當為代表）這個實體卻已經走向成熟，並顯示出了它對經濟的影響力。在這個層次來說，和珅涉及典當行業，正是抓住了社會的跳動的脈搏。自然一本萬利。

可惜的是，由於生意做得越大，潛在的危險也就越大，由於大清朝規定，在旗的滿洲人是不允許進行各種商業經營活動。儘管和珅的各種商業經營活動都靠的是自己的聰明才智和心血獲得的，但是由於法規，也成為了非法活動，為後來的傾覆埋下了禍端。

在當今社會，金融的發展樣式繁多，供人們選擇參與並投資的管道也越來越多。主流的融資管道在於銀行，比如貸款。典當融資似乎只產生輔助的作用，加上「當鋪」的名聲雖然算不上臭名昭著，但在人們心中的印象的確不怎麼樣，所以當鋪融資並不被看好。但由於典當行為能在短時間內為融資者爭取到更多的資金，因而也沒有遭到人們的強烈反對。有人很形象地做了一個比喻：銀行融資是主餐，典當行為是「方便食品」。這個比喻對於闡述當鋪功能是貼切的，而且因為經濟發展的向前推進，當鋪正收到越來越多的創業者和經營者的青睞。

古玩中的大生意

乾隆皇帝除了自詡「十全老人」外，還是一位非常「風雅」的皇帝。他生性喜歡收藏和賞鑑字畫古玩。清代的皇帝多喜愛玩玉，但乾隆更甚，其對玉器的酷愛，無人能及。乾隆一生僅題作詠玉詩就是八百餘首。現今清宮遺存留世的數萬件玉器，大多由乾隆收集入宮。據史考，乾隆經常獨自待在玉庫裡玩玉，流連忘返，還親自挑選一些出來，命人清理後，評出甲乙丙級。並謂之：「不使良材屈伏沉淪，將其剪拂出幽，以揚王庭而佐治理。」給玉賦予了崇高的理念。據說正因為如此，單乾隆一朝的製玉數量，就超過了整個宋元時期的製玉總和。

乾隆還在書畫鑑賞方面有很深的造詣，並且一生還臨摹了許多書法名帖存世。昭槤就曾經說其「賞鑑書畫最精」。乾隆六十年，清皇室所藏書畫數量已蔚為壯觀，計有萬餘件之多，幾乎將唐、宋、元三朝的書畫網羅無遺，近兩千餘件。據說，有一次，乾隆尋獲宋刻《後漢書》及《九家杜注》，愛不釋手，遂命宮廷畫家「寫御容於其上」。當費盡心機覓得《岳氏五經》後，他還特為之修建五經萃室以貯存。乾隆尋找《園風圖》，歷時數十年方才找全，特別將它藏於學詩樓。乾隆還多次把自己心愛之古玩當珍寶賞給他的愛妃和愛女，如香妃（容妃）四十壽辰時，乾隆就特賜無量壽佛、玉如意、青玉壽星、瑪瑙靈芝杯等物品與她，其五十大壽時，乾隆又賜玉如意一盒、古玩九件等。

上有所好，下必行焉。所以在乾隆盛世，全國古玩賞玩成風，各地古玩鋪子也如雨後春筍般崛起。當時，每至新年的初一到初九，乾隆便命在宮中的同樂園設「買賣街」，也即「宮市」，其內古玩、衣物以及酒肆茶房一應俱有，當時乾隆就多次在和珅的陪同下，與小女兒和孝公主一起逛「買賣街」。

因為皇帝喜歡古玩，和珅遂利用各種機會為其四處搜羅，將各地官紳進獻給他的珍稀罕物，挑撿出好的上貢給皇上，以討得乾隆的歡心。史載，和珅曾於乾隆八十大壽時，進獻了壽山石「圓音壽耋」套印，共一百二十方。還多次向乾隆敬獻金佛。至今存世的一副乾隆染牙掛屏，據考證就是和珅所獻。

和珅對古玩的特別關注也被大家知道了，珍稀古玩又源源不斷地湧向了和珅。在玩古玩成風的乾隆盛世，和珅自然也百般收藏古玩，以致其被抄家時，珍寶古玩無數，如古銅鼎二十二座、漢銅鼎十一座、端硯七百餘方、玉鼎十八座、宋硯十一方、玉磬二十八架、古劍十把等。另外還有古玩庫多間、玉器庫就是兩間、瓷器庫一間、錫器庫一間、鐵黎紫檀器庫六間、玻璃器皿庫一間。他還開著古玩鋪十三座，在古玩市場中和珅可謂賺足了銀兩。

俗話說「黃金有價，玉無價」，這些古玩珍品中，大部分都是具有較高的增值空間與投資價值的，現在很多富人都會或多或少考慮一些珍品的收藏投資，因為他們明白，這些商品不像有些商品那樣隨著時間的流逝會貶值縮水，相反的，它們則會隨著時間的推移逐漸增加身價，且速度驚人，如果收藏者具備一定的鑑賞能力，該行業的投資風險係數也是非常小的，而且相比其他的投資，具有更高的品味與增值優勢。和珅抓住古玩投資領域，可謂高明。

世界歷史上有許多創造了天價的名畫，如梵谷於一八八九年五月完成的《鳶尾花》，一八九二年，唐基以三百法郎的價格將這幅畫賣給了評論家奧克塔夫·米爾博，以後這幅畫像許多其他的梵谷的畫一樣，在他死後不斷地被買賣。一九八八年在一次拍賣會上，有人叫出了五千三百萬美元的天價。又比如，二〇〇四年五月五日晚間，在紐約蘇富比拍賣行，畢卡索二十四歲時的一件早期作品《拿煙斗的男孩》以一億四百一十六萬八千美元成交，刷新了由荷蘭人梵谷的油畫《嘉舍醫師的畫像》保持了十四年的八千兩百五十萬美元的拍賣紀錄。世界上還有許多古玩拍賣奇蹟，如二〇〇四年二月初，俄羅斯第四富豪維克托·韋克謝利伯格斥資五千四百萬英鎊（超過一億美元），在九枚沙皇彩蛋距離公開拍賣還有兩個月的時候，一舉將它們全部買下，韋克謝利伯格的收購行動被視為將國寶搶救回俄羅斯的壯舉。又比如二〇〇四年三月七日，在西班牙赫羅的一場拍賣會上，來自香港的約翰·藍儂迷花兩千四百四十二英鎊購買了約翰·藍儂的一根頭髮。「搖滾之父」約翰·藍儂是披頭四樂團的前任主唱，這根頭髮是他一九六四年八月在美國丹佛市舉行演唱會時送給一位歌迷的。

古玩增值驚人。民國時期，有人曾花一塊大洋買了成化鬥彩杯，後來被盧吳公司以四千大洋賣到美國。一件明代嘉靖五彩魚藻紋蓋罐曾經在一九九二年的紐約蘇富比拍賣會上以兩千兩百三十萬港元成交，可是八年後，在香港蘇富比拍賣會上竟以高達四千四百零四萬四千七百港元拍出，同時也刷新了官窯瓷器的最高紀錄。

如今，古玩已經成為一種世界時尚。古玩價值逐年翻番，是一個非常好的投資生意，古玩業內人就說：「糧油是一分利，百貨是十分利，珠寶是百分利，古玩是千分利」。另一方面，古玩是一種身價的表現。如在平時生活中，人們得知你收藏古玩，就會覺得你這個人非常有品味；如果得知你收藏了非常珍貴的古玩文物，就會覺得你這個人很有身價，正所謂「家有錢財萬貫，不如宋瓷一件」。因此，世界上有許多商人、富翁往往不惜鉅資收購古今中外的古玩文物。如美國的洛克菲勒、石油大王納爾遜，英國的伯利爾、漢斯・斯隆，香港的徐展堂、陳建文、張宗憲等，他們之中有些人還建立了私人博物館。即使是像比爾・蓋茲這樣的世界首富，也頻頻在藝術品拍賣市場中出現，著實讓人們感受到了古玩的魅力和魔力。

今日的古玩包羅萬象，五花八門：瓷器、銅器、珠寶玉鑽、字畫手稿、竹刻、根雕、古錢幣票證、明清家具，不勝枚舉。細細把玩這些凝聚歲月的古物，人彷彿也可以穿越時空，傾聽歷史的述說，比如，在和珅侍陪，乾隆攜著小女十公主遊玩的那條買賣街上，市聲喧嘩，而多少年後，一切都已物是人非，也許唯能帶我們回去的只是一塊出塵不染的玉……

致富秘訣之六：做好管理，路才長遠

賺錢的方法雖然千千萬萬，領域五花八門，但是歸根結底，都是在做人的工作。賺錢的過程實際上就是讓一個團隊發揮最佳效力，贏取最大利潤的過程，是對財富合理管理，借錢生錢的過程，是控制市場，謀勢造市的過程。

一個英明的管理者，如果他可以合理用人、規範管理，具有獨特的個人經營理念，並且善於利用他人的力量，他就可以駕馭他的商業母艦駛入更加廣闊的事業領域，引導整個團隊走向成功。

我是英明管理者

管理千頭成緒，錯綜複雜，如果面面俱到親力親為，管理者會累死不說，還會因為拘泥於細節而只見樹木不見森林。所以，掌控的要領在於抓關鍵。關鍵人物，關鍵事務，關鍵步驟，只要你看得準、抓得牢，管理工作就非常簡單。

一個組織有了獨特的經營理念，猶如一艘向彼岸進發的船有了指南針。在複雜多變的市場環境中，唯有方向堅定、指向明確，才不會被眼前的迷霧遮障眼睛，亦才能一路收穫繁花似錦。

和珅在社會大環境鄙視商人，瞧不起商業的情況下，大規模地進行投資，牢牢圍繞自己的資源優勢，不慕虛名，從事經營，可謂非常有膽識，有主見。

世間百業沒有貴賤之分，只要用心經營，不起眼的領域也能綻放燦爛的光彩。

和珅很用心，故能抓住乾隆這個大客戶；也因為他很用心，像「灰瓦店、櫃箱鋪」這樣很不起眼的行業也同樣經營得有聲有色，為他賺取了大量的利潤。

乾隆後期，白蓮教起義，社會動盪不安，大量地主拋售土地，在這種情況下，和珅卻大量吸進。因為，他的眼光沒有局限在眼前，土地是封建社會最重要的財富，社會動盪，總有平息的一天。何況，以他長期在朝廷的核心部門任職的經歷，他很清楚，以那時清朝政府的實力，離社會全面崩潰的時間還很遠，社會的動盪只是暫時的，要看到長遠的利益。果然，和珅因此而大賺特賺。

不慕虛名、講求實利、目光長遠，正是和珅經營理念的表現。

一局棋，高手和普通棋手操盤的差異，可能只有很少的幾步，而其餘路數都是一樣的。而輸贏結果卻大不相同。換句話說，一局棋，關鍵可能只有一、兩步，一、兩子，看似平常，卻產生了扭轉乾坤的作用。

只掌控「關鍵的棋子」，管理者的工作會輕鬆許多。

一直偏愛《紅樓夢》的和珅，不知他會怎麼看待王熙鳳這個和他很有幾分神似的人物？和珅和王熙鳳，這樣兩個都充當了別人管家的角色，一樣善於理財和管理，也一樣心狠手辣，如果他們真的可以相遇，是否會惺惺相惜？

今天看來，和珅和王熙鳳都應該算商業奇才。和珅自己開那麼多鋪子，如果沒有英明的管理，合理的用人，是很難想像的。何況，和珅還要為乾隆管著一個國家的經濟。而王熙鳳雖然只管著寧榮二府，但那也是一個被她管理得井然有序的大家。王熙鳳把個「老祖宗」捧得團團轉，疼她愛她，一時一刻也離不開她，她好「挾天子以令諸侯」。她實際上正是由於受到賈母的寵愛和王夫人的信任，才成為賈府權傾一時的「女總理」。和珅也同樣如此，他因為得到乾隆的恩寵，所以權傾朝野，因為特別偏愛皇帝特別喜歡的十公主，所以乾隆才放心地把女兒下嫁給他的兒子，和珅因此和乾隆結成兒女親家的政治聯姻，顯赫一時。

王熙鳳為了穩固自己的權利，還培養了如賈蓉、賈薔這樣的親信。和珅同樣如此，網羅了一幫如和琳、福長安、伊江阿、國泰、景安、明保、吳省欽、吳省蘭、徵瑞、湛露等可以幫他「致富」的弟兄。和珅對自己的管家如劉全、呼什圖兩個外內管家，更是非常信任。

據說，和珅將崇文門稅關和其他生意都交給劉全打理。曾陪同年幼的和珅一起四處借債的劉全，對和珅的經營原則非常的心領神會。正是在他的打理下，崇文門稅關的管理井然有序，業績節節攀升；而其他的生意，如糧店、酒店、古玩店等，分店開了一家又一家，讓和珅賺得滿盆滿缽。

和府內部的大小事情都是由呼什圖打理的。呼什圖對人情世故非常通透，據說，他和宮裡太監的關係非常的好。《清史稿》記載，在替和珅建房子的時候，他到宮裡去參考宮殿的布局，宮裡的太監對他不予攔阻，對他非常客氣，這使他成為和珅的左膀右臂。

正因為有了這些得力助手，和珅才一直在朝野之間都遊刃有餘。但找對了人，還要留住這個人才行。這就需要實行感情投資。據說，和珅對他的兩個管家待遇非常優厚，時常給予賞賜。據說，抄家的時候，劉全的家產就過巨萬。

現代企業管理得比較成功的公司，無不在合理用人的情況下，進行規範管理的，把自己的經營管理理念灌輸到你的企業中去，並不是一句說著玩的空話。

說到底，管理的核心是人，只要選好了人，管理工作就完成一大半了。只要掌控了關鍵人物，一切都水到渠成。

一九七八年夏天，原福特公司的總裁李・艾科卡（Lee Iacocca）失業了——因為與亨利・福特（Henry Ford）二世之間產生了巨大的分歧，他不得不離開福特汽車公司。

不久，李・艾科卡接到克萊斯勒公司（Chrysler）董事長約翰・里卡多（John Ricardo）的電話，希望與他見一面，談一談李・艾科卡去克萊斯勒公司的可能性。會見時，雙方禮節性地交談，探討了許多共同關注的業內話題。但是關於李・艾科卡加盟克萊斯勒公司一事，雙方談得不是很明確。克萊斯勒方面表示要給李・艾科卡一個工作，但他只是泛泛而談，沒有說具體是什麼職位。

這麼多年的工作經驗，以及對汽車業的深厚感情，李・艾科卡當然願意重新回到汽車業。但他辦事一向非常謹慎，在談具體問題之前，他要確切地知道自己將介入的是什麼樣的事。

「我不想盲目地參加這件事，」他說，「我必須瞭解事情糟到什麼地步。我必須知道公司處於什麼樣的情況，你們未來的產品是什麼樣子，特別是你們是否確實認為能製造出來。」

這次談話沒有什麼結果。但李・艾科卡還是應該欣慰的，他這個前東家一腳踢開的不受歡迎的人，看來還是可以派上用場的。

隨後，李・艾科卡和里卡多又進行了兩次會面。里卡多把克萊斯勒的景象描述得很慘澹。李・艾科卡也瞭解到，克萊斯勒公司困難重重，連它的最高管理部門對公司的情況瞭解得都不清楚。他們知道克萊斯勒公司出了問題，但他們不知道問題有多嚴重。

李・艾科卡經過分析，估計用一年的時間，就可以把那種狀況改變過來。

這是一場十分艱鉅的挑戰。李・艾科卡回家和妻子瑪麗商量，妻子很支持他，說：「假如這個工作使你高興，那就去吧。」

李・艾科卡從妻子那裡得到了強有力的支援，餘下的唯一問題是克萊斯勒公司是否用得起他了。當然，不只是指待遇方面——李・艾科卡現在要的是當自己的主人。他當第二把手的時間已經太長了。假如他接受克萊斯勒公司的工作，在一兩年之內一定要當第一把手，否則就不做！

這就是李・艾科卡進克萊斯勒公司的平等談判的要價。這不僅是因為他在福特汽車公司的經驗，更是因為他需要有完全自由的行動才能使公司轉變過來。他已經知道自己做事的方法和他們的完全不同。李・艾科卡這樣認為：除非我在管理方式上擁有完全的權力，我的政策才能付諸實施，否則，我去該公司其實就是簡單地解決失業問題，跟人們受到挫折時通常做法一樣，是一種退而求其次的選擇。

在他的印象裡，里卡多要他當總裁，自己當董事長。但當他告訴里卡多他的要求時，他想錯了。

「聽著，」里卡多說，「我不打算做下去了。這裡只能有一個領導者的位置。如果你到我們這裡，那個領導者就是你。否則，我們就不會找這麼多的麻煩來舉行這些會面了。」

在亨利解雇李・艾科卡時，包括解雇費在內，福特汽車公司要給他一百五十萬美元；但是有一條很重要，福特汽車公司約束性很強的合約包括一項競爭性的條款，它規定如果他到另一家汽車公司工作就將喪失這筆錢。

「不要為此擔心，」里卡多說，「我們會全部給你的。」

李・艾科卡到克萊斯勒公司任職一事公開時，媒體大肆報導他僅僅與克萊斯勒公司簽定受雇合約就得了一百五十萬美元的「簽字費」。

事實證明，里卡多的選擇是正確的，正是李・艾科卡駕駛克萊斯勒這艘巨輪，走出了困境。

不僅僅是克萊斯勒，許多公司在管理上非常重視對領導者的選擇。微軟公司（Microsoft）控制ＰＣ的作業系統以後，決定進軍應用軟體這個領域。比爾・蓋茲（Bill Gates）雄心勃勃，認定微軟公司不僅能開發軟體，還要成為一個具有零售行銷能力的公司。微軟公司在軟體設計方面人才濟濟，但在市場行銷方面、尤其是管理型人才卻相當匱乏。

蓋茲四處打聽，鎖定了一家大型肥皂公司的行銷副總裁羅蘭・漢森。但微軟的高層卻頗有顧慮：「漢森是一個行銷專家，可是對軟體方面完全是一個門外漢。」蓋茲力排眾議，啟用漢森，任命他為行銷副總裁，負責微軟公司廣告、公關和產品服務，以及產品的宣傳與推銷。

漢森上任做的最重要的一件事，就是統一商標，所有的微軟產品都要以「微軟」為商標。於是，微軟公司的不同類型產品，都打出「微軟」品牌。不久，這個品牌在美國、歐洲，乃至全世界家喻戶曉。在漢森的整合下，微軟在行銷方面迅速建立了自己的特色。

里卡多沒有過多介入克萊斯勒的具體事務，比爾・蓋茲也沒有過多介入微軟的市場行銷，但是他們抓住了「千里馬」的韁繩，選對了人，一切難題自然不在話下。而和珅的助手如劉全等人，也是獨當一面，為和珅成功奠定了基礎。

我們再來談談感情投資。「留人先拴心」，怎樣得到「千里馬」，拿來為自己所用，並且把他培植成自己的親信和幹將，感情投資非常重要。

這一點，在現代商業表現得非常明顯。微軟公司的管理非常寬鬆，被稱之為校園式管理，員工與員工、員工與上級乃至比爾・蓋茲本人之間沒有明顯的層級感，是一個非常和諧的團隊。微軟公司為了方便員工之間以及上下級之間的溝通，專門建立了一個四通八達的公司「內部電子郵件系統」，每個員工都有自己獨立的電子信箱，他們不管在世界的任何地方，都可以進行聯繫與交談。透過「內部電子郵件系統」，除了上層對下層分配工作任務，員工們彼此之間相互溝通、傳遞消息以外，最重要的是員工可以方便地使用它對公司上層，甚至最高當局提出個人的意見和建議。而支撐這個網路存在的，是比爾・蓋茲身體力行帶動起來的微軟人特有的上進心和團隊精神。微軟的員工個個都是工作狂，加班已經是家常便飯。據統計，微軟的員工流動率不超過八％。面對微軟那麼多的優秀人才，有人曾經問比爾・蓋茲：「你是怎麼弄來這些人的？」他的回答是：「因為大家都說我們這裡的工作很棒。」

豐田公司的信條是：「雇員總是忠誠於那些忠誠於自己的公司」，為了顯示公司命運與員工命運的緊密相繫、不可分割，公司以「沒有許諾的終生雇傭」向員工顯示對他們的忠誠。曾經有記者採訪豐田公司的雇員，他們是這樣說的：「公司是永遠不會將我們解雇的。即使不景氣的時候，我們也將被留在這裡，和公司一起度過難關。」可見，他們對公司的絕對信任。豐田公司總是讓員工相信，他們可以在這個公司受到人的尊重，實現個人的最大價值。因此，豐田公司是員工們可以圓夢的地方，公司可以「沒有許諾的終生雇傭」他們。

松下電器公司同樣非常注重員工的「個人情感」，松下幸之助很注意運用精神和物質方式感化員工，以此加強企業的內部凝聚力。他說：「當我和我的經理人員會面時，很少是正式的，我們促膝談心。關鍵是他們的獨立性。所以無論我提的問題多麼尖銳，含義多麼清楚，我避免下命令。我們必須尊重每個人的自尊心和他們部門的傳統。」

摩托羅拉同樣是透過「肯定個人尊嚴」來對員工進行感情投資。高爾文家族說他們可以在某個階段放棄某一些業務以及一些賺錢的機會，但他們從不放棄凝聚全球的員工，始終把「肯定個人尊嚴」的人才理念作為指導企業發展的最高準則，並且堅定地強調企業要發展，首先必須尊重人性，尊重員工的個人尊嚴。他們非常注重與員工的溝通，令員工深切地感到彼此之間都是朋友，而不是通常的雇傭關係。摩托羅拉的公司總裁每週都會發一封信給員工們，把他這個星期會見的客戶、所做的事情全部告訴員工，並且包括他這個星期陪夫人去逛街上超市，週末的下午帶孩子去釣魚這些具有家庭性質的趣事也會在信中與員工們親切的交談。公司總裁以一個普通人的身分，把自身的經歷、經驗寫給員工，信中還經常提出希望員工們要關心自己的家庭，他的話語總是平易近人，像涓涓細流融入進了員工的心中，牢牢地和員工融為一體，形成一個非常團結的團隊。與其說他們是一個團隊，不如說他們更像是一個和睦而可愛的大家庭。

試想，在上面的這些環境中工作，員工能不「賣命」嗎？

得到和留住了人才，我們接下去的工作就是合理用人，規範管理了。關於合理用人，李嘉誠有一個精闢的論述：「只要思路、人生方向跟你比較一致的人，那就可以委以重任。」因為他的知人善用，所以他的公司有一股極大的向心力，公司員工流失率非常低。在能力與品德之間，李嘉誠用人更強調品德。他說：「如果一個人很有才幹，每天卻得派三個人看住他，這種人我寧可不要。」知人善任，還表現在李嘉誠在他的外資企業中大膽地使用外國人管理外國員工，因為他們的血統、文化、語言方面的天然優勢，可以在公司對外發展中產生事半功倍的效果。這一點與和珅有許多類似的地方。和珅的家族管理中就由漢人劉全治外，滿人呼什圖理內，而他的朋友中也有漢人有滿人，這對他編織關係網絡、從事商業經營產生了非常大的作用。

比爾・蓋茲曾經說：「我們從來沒有去想要精通其他東西，我們所要做的且只能做的就是合理用人、規範管理，以及讓我們的軟體遍銷全球。」比爾・蓋茲在這裡提到了非常重要的三點：合理用人、規範管理、灌輸自己的經營理念。按照比爾・蓋茲這三點，我們來看看王熙鳳走馬上任，對寧國府的管理。王熙鳳一上馬就合理用人——「來升家的每日攬總查看」，然後一一分配工作，申明制度，規範管理，進而給別人灌輸了自己的經營理念，「如今都有定規，以後那一行亂了，只和那一行說話。素日跟我的人，隨身自有鐘錶，不論大小事，我是皆有一定的時辰。」和珅也一定是把他的經營理念，像王熙鳳那樣灌輸給了他的員工們。可惜，我們找不到和珅在這方面的細節，然而，我們透過他成為巨富的一生，從他的那些可以被我們知曉的點點滴滴，還是可以發現，和珅和許多當今世界巨富的「經營理念」有許多相似之處。

——比爾・蓋茲的經營理念是：將眼光放在遠處；定好目標；將集團的力量與個人的努力相結合；對自己的產品和顧客要保持一顆熱愛之心；重視顧客的資訊回饋。

——魯柏・梅鐸的經營理念是：在競爭激烈的商業環境中，永遠站在潮流的前沿，把握時代發展的趨勢和時代價值觀的動向；冷酷無情是必備條件，軟弱造就不了成功人才；賭徒式的經營，從冒險中獲得成功；獨裁式的管理，從不授權，熱衷權謀，掌握一切；憑直覺掌握商機，用衝勁完成艱難的銷售任務；速度決定一切，先人一步搶佔商機，讓公司總是充滿活力；未雨綢繆，為未來投下賭注，並且保持警覺，注意發展；永遠保持年輕人的衝勁和好勝心，從不滿足，追求一生；使公司不間斷地運轉。

一個英明的管理，有一個非常獨特的屬於他個人的經營理念，這一點非常重要。

全球連鎖的速食之王麥當勞，已經在全球七十多個國家開了五千多家分店，在速食領域是當之無愧的「巨無霸」。可是這個「巨無霸」最先的創立者麥氏兄弟，他們發明了成功的自助餐式經營理念，卻沒有把麥當勞帶向世界。把麥當勞帶向世界的，是克洛克。克洛克的經營理念其實很簡單，就是連鎖經營，不斷改革，不斷進取，將麥當勞推向世界。正如克洛克所說：「沒有成功，就無所謂驕傲，沒有風險，就無所謂成功。我們取得進步的秘訣，就是以開拓者的精神，頂風冒險，不停地向前走。我如此，我的繼任者如此，世世代代的麥當勞人都會如此。因為文明一直期待著明天的麥當勞。」正因為有這樣的「經營理念」，麥當勞才會一往無前，披荊斬棘，獲得耀眼的成功。

一個英明的管理者，可以合理用人、規範管理，並且具有一個非常獨特的屬於他個人的經營理念，他就可以駕馭他的商業母艦走向事業的成功。古如王熙鳳、和珅，今如比爾·蓋茲、魯柏·梅鐸、李嘉誠、克洛克們，無不如此。

他山之石，可以攻玉

常言道，他山之石，可以攻玉；可以借力打力，才是真正的高手。

這個世界上沒有誰是萬能的，即使是聖賢。孔子在當時屬於學識淵博之人，但是他在周遊列國時，有一天，在去晉國的路上，遇見一個七歲的孩子攔路，要他回答兩個問題才允許他過去。第一個問題是：鵝的叫聲為什麼大。孔子答道：鵝的脖子長，所以叫聲大。孩子說：青蛙的脖子很短，為什麼叫聲也很大呢？孔子無言以對。他慚愧地對學生說，我不如他，他可以做我的老師啊！

每個人都有自己專長的領域，都值得那些非本領域專長者學習與效法；但是即使在一個專長的領域中，也仍然是天外有天，人外有人，一個人無論在任何情況下，如果不懂得借鑑他人經驗，借用他人力量來發展壯大自己，是很難有大的發展前途的。

和珅奠定自己產業基礎的時候就非常注重借用他人的力量，打造自己的集團。特別是他幫自己的弟弟和琳獲得政治地位的時候，借用他人力量的方法運用得可謂非常高明。除了借用李侍堯一案為和琳謀得湖廣道御史顯要職位外，他還利用福康安讓和琳最終成為大清七省軍隊的總指揮。

對福康安能力的借用頗有戲劇色彩，開始時和珅曾為與福康安爭寵發生過小的摩擦，但是後來又意識到對方的優勢，開始有意拉攏福康安，並且讓自己的弟弟多與福康安接觸，經常跟在福康安的身邊，做他的副手，隨他南征北戰。福康安打起仗來，經驗豐富，威風八面，每次都勝利凱旋，和琳跟隨他，不用出力冒險，就可以坐享其成，幾年下來累積了許多政治資本，加官進爵自然不在話下。然而由於長年過於勞累，福康安在一次戰役之後死在了行軍途中，噩耗傳來，舉朝震驚，和珅向乾隆表示了一番哀痛之後，便提出：「國不可一日無君，軍不可一日無帥，還望皇上早日任命將軍接掌帥印。」當時的情形，最適合接替福康安掛帥的，就是和琳。從此，兄弟二人一文一武，一將一相，成為當時朝廷不可動搖撼動的規模團體。

面對與自己處於同一市場的有力人士，最好的選擇是將其變成自己的朋友和同盟軍，但，並不是每個人都可以成為自己的朋友，畢竟「一龍生九子」，很有可能志趣不同、價值觀各異，很難成為朋友。但即使不能成為朋友，也最好不要使其成為自己的敵人，因為，有一個敵人在身邊是非常危險的，也是不符商業原則的。因此，必須借助可以影響到這個人的其他人的力量，把傷害降低到最小。

阿桂、福康安、永貴等人對和珅而言就是這樣的人。他們都是朝廷重臣，不管是從出身還是功勳還是皇上的寵愛來說。因此，他們的態度對和珅在朝廷的處境也是有一定影響的。因此，和珅很想和他們打好關係。

在很早的時候，和珅也許曾經向他們示好過，但「話不投機半句多」，也許是出身門第，也許是行事作風，他們之間究竟沒有產生心與心的共鳴。相反的，隨著朝廷之上摩擦頻頻，和珅與他們之間的隔閡反而有加深的趨勢。這個時候怎麼辦呢？

對於阿桂，和珅採取的始終是懷柔政策，頻頻在皇帝面前說他的好話，「伸手不打笑面人」，終其一生，阿桂和和珅的正面衝突很少。而對於其他兩個，和珅則借助了他們親人的力量。

在和珅的死黨裡，有一個福長安，他是福康安的弟弟。弟弟與和珅如此要好，福康安怎麼也得給和珅幾分面子了，不然，為了「打老鼠傷了玉瓶」，就不好了。

此外，對福康安，和珅還把弟弟和琳安插在他身邊，和琳的性格與和珅完全不同，他和福康安之間相處得非常好，甚至到了稱兄道弟的地步，因此福康安認為「有其兄未必有其弟」，這樣一來，透過和琳和福長安的影響，福康安在朝廷中也就沒有過分針對和珅。

和珅還和永貴的兒子伊江阿十分要好，他的才華十分讓伊江阿傾倒。終其一生，伊江阿都非常維護和珅的利益。可是，就是這樣，永貴有一次還是彈劾和珅了。

在封建社會裡，「百善孝為先」，乾隆更是標榜以孝治國，可是和珅保舉的一個人卻偏偏觸了當時最大的忌諱。原來，戶部司務廳中有一個司務叫安明，因故降職為筆帖式，後來他討好和珅，就被和珅保薦，又升為了司務廳司務。這個職務在當時是一個不錯的肥差，有許多實惠。可是安明剛復職，就遇上父親去世。按清朝禮制，官吏父母逝世，應在家居喪三年，此間，若無皇上特許，不能為官，否則，就犯了欺君之罪。可是安明為了保住這個來之不易的位子，竟然甘冒死罪，隱瞞其父之死，繼續任職。世上沒有不透風的牆。這件事情很快就被異己知道了，而且還可以與和珅掛上鉤，敵人已經在偷著樂了，可是這時候和珅還一點也不知道。永貴比較正直，平時就很看不慣和珅。這一次，他決定用這個事情來彈劾安明，並以小見大，彈劾和珅。

伊江阿知道了父親要彈劾和珅，馬上跑到和珅的府上給和珅報信。和珅一聽大驚。連忙找來當事人一問，果然是自己用人不當。這使和珅極其被動。怎樣轉被動為主動呢？

第二天，和珅起了個早去早朝。永貴成竹在胸地奏上一本。皇上震怒，質詢和珅。和珅跪答：「確有此事，請皇上治奴才不察之罪，奴才已寫好參奏安明及罪己的奏本，不想永大人竟先奴才而奏。」和珅竟然力轉乾坤，化劣勢為優勢。於是，這件事情終於被和珅施展金庸先生的「乾坤大挪移法」，化險為夷。

後來，永貴也隱約知道了這件事是他兒子報的信，又知道兒子一向與和珅過從甚密，再彈劾和珅，自己的兒子肯定也脫不了干係。因此，自從那件事後，永貴再也沒有彈劾過和珅。和珅又少了一位敵手。

借用他人的優勢來發展自己，避免自己受傷害，這種管理技巧在今天的企業界應用得頗為廣泛。微軟剛成立的時候也是名不見經傳，但是借助ＩＢＭ的名氣與發展狀況，逐漸提升了知名度，最終發展壯大起來，這是借力打力的較好例子。當今全球最大的國際消費產品生產企業——松下電器實業同樣是借力打力的高手。

二次大戰以後，松下遭受到戰爭的重創，已經有三十三年歷史的松下電器不管是經濟上還是士氣上都受到重創。松下認真地反思、仔細地分析，意識到公司要取得新的發展，必須用謙虛的態度向人家學習才行。在重新認識了自己公司在世界企業界的地位的基礎上，他提出了「重新開業」的口號。

要使松下電器得到進一步的發展，必須要有先進的技術作為支撐。松下意識到了這一點，就決定去歐美考察，順便尋找合作夥伴。

松下在對歐美的先進技術歎為觀止的同時，荷蘭飛利浦以企業辦研究院、強大的研究團隊讓他最終動了心，決定與他們進行合作。借力打力，松下的產品競爭能力很快提升了。

松下還意識到：借人以魚不如學人以漁，只有自己擁有強大的研發能力，才能在市場競爭中立於不敗之地。於是，他在飛利浦的技術支持下建立了自己的研究所，並且專門為此建了一棟佔地兩千多坪的大樓。他給研究所確立了目標：從事基本研究和指導；開發新產品；為適應自動化時代的到來，進行製造設備、工具的研究和開發；產品的設計也包括在內。

在借鑑與自我發展的基礎上，松下在短短時間內就獲得了更大的發展，不僅完善已有的產品，還進一步推出了很多新產品。在幾年之內，松下先後推出了被稱為松下「三大神器」的洗衣機、電視機、電冰箱，除此之外，小型家用電器如烤麵包機、咖啡爐、吸塵器、蒸汽熨斗、電熨斗，松下也有五十種以上在一九五〇至一九五三年間開發出來。世界家用電器普及化的到來與松下的推動不無關係。

「他山之石，可以攻玉」，積極合作，取長補短，是松下在短短時間內取得重大成功的主要原因。實際上，松下不僅和海外廠商合作無間，與國內的廠商合作也頗有成效，最典型的如與中川電機合作，松下獲得了他想要的技術，中川電機也提高了自己的銷售能力，達到了雙贏。

誰都不可能掌握所有的資源，懂得利用別人的優勢來提升自己的競爭力，才能為自己賺取更多的利潤，讓自己在市場上立於不敗之地。

致富秘訣之七：經營理念出新招

一種生意賺錢，十個人做的時候賺，一百個人做的時候賺，但是當一萬個人都來做這個生意的時候，利潤空間就變得非常小了。商界中，最忌諱跟隨潮流，人云亦云，沒有個性化思維與經營模式。一個公司，如果經營的過程中，沒有先發制人的強大優勢，缺乏出奇制勝的新鮮招數，是很難讓自己的生意長期立於不敗之地的。

一個經營者是否高明，就看他能否運用最佳的行動方案，最強的宣傳方式以及最優的資源配置來實現最大的利潤。在這個方面，和珅是既高明又狡猾的。

高舉「連鎖」的匾額

和珅被抄家時，據《清朝野史大觀》的資料記載，和珅擁有當鋪七十五座，銀號四十二座，古玩鋪十三座，可見和珅的商業發展規模之大，他店鋪的名字大多不可考證了，但據此規模，和珅很有可能已經在有意識地進行著他的「連鎖」經營。

中國的商業在明清時期就得到了大力的發展，尤其是康乾盛世，出現了許多老字號，隨著商業的繁榮，老字號出現了「分號」、「聯號」這種「連鎖」的新形式。如銀號，據考證，在清代初期就有山東周村人開辦的鴻昌福銀號，山西祁縣復盛公的大德通銀號等。後來，僅在明清號稱「天下第一村」的周村，就陸續有山西祁縣的大德恆銀號、山西平遙縣日升昌、新泰厚、祁縣的三晉源、太谷的協成乾、大德玉、大德川銀號等來此設立分號，最多時達二十多家，可見「連鎖」經營在全國的盛行。清康熙年間，當鋪盛行，僅山西省就有四千六百多家當鋪，佔全國總數的五分之一。到了乾隆朝，晉商的當鋪已經遍及長江以北地區，而徽商的當鋪也佔據了長江以南。商業的興盛，尤其是晉商和徽商的努力，促使「分號」、「聯號」這種新的商業形式遍及全國。

在這種商業潮流下，和珅也敏銳地抓住了商機，他舉起「連鎖」的匾額，把這種新的經營方式融入了自己的商業運作中。

「分號」、「聯號」的方式對於商業規模比較的商人來說，是一種非常有效的管理方式。和珅有當鋪七十五座，古玩鋪十五座，這個時候如果各自為政，勢必會造成資源的浪費，也不容易節制和協調。但如果採取「連鎖」的方式，這個問題就比較容易解決了。一般來說，中國古代採取「分號」、「聯號」方式的，都比較注重市場訊息之間的傳遞。總行和分行之間，聯繫非常密切，一般是五天一函，三天一信，透過書信來報告總行各地的農業生產、商業銷售的情況，必要的時候，還可以互相調劑餘缺，便於總行的決策。而和珅更有八十輛大馬車，這為他的「連鎖」

方式進行配貨提供了方便。

事實證明，和珅的這種跟上時代潮流的舉動是成功的。「連鎖」經營為和珅帶來了滾滾的財富，又促使了和珅更多的當鋪銀號連鎖店的問世，進而催生了一個十八世紀的和珅集團。

直到大約十九世紀中葉，歐美國家才開始興起「連鎖經營」這種模式。嚴格意義上說，在美國，是一九二四年，A&W根汁飲料創建了早期的速食連鎖形式，一九三五年，霍華德・詹森創建的餐館連鎖被認為是第一家特許加盟餐館連鎖。一九四八年，奶品皇后已經建立了兩千五百家單店，並被特許經營學家們認為是「首家大型特許經營連鎖」。而把連鎖經營這種理念帶給世界的，其實是麥當勞。

克洛克曾經是一個奶昔機推銷員，他的其中一個客戶是就是當時位於美國加州聖貝納迪諾的一家麥氏兄弟的速食銷售店——麥當勞。因為看到了麥當勞的成功以及其生意模式的簡單，克洛克意識到，如果他可以複製麥當勞系統，就可以獲得更大的商業成功。一九五四年，克洛克開始遊說麥氏兄弟，次年他即開設了他的第一家麥當勞餐廳，進而創立了麥當勞體系公司。當時克洛克加盟麥當勞的時候，美國已經有兩千五百多家連鎖店。許多商人都投入其中，但成功者卻微乎其微。精明的克洛克卻以他先進的經營理念，把麥當勞帶給了世界。而他的那句名言，也被世人廣為知曉：「麥當勞是群體力量的成功故事，只要繼續共同努力，我們必會永遠獨佔鰲頭。我們對漢堡行業的態度比誰都認真，過去如此，現在也是如此！麥當勞不是空談品質、服務、清潔和物有所值，我們是付諸行動的！」

我們來看一下麥當勞的連鎖經營歷史。

一九五五年四月，克洛克經過千辛萬苦，建成他的第一家標準連鎖店——德斯普蘭斯餐廳開張營業。很快，這家餐廳被克洛克經營得有聲有色。當年該餐廳的銷售總額就達到了可觀的十五萬八千美元，次年，又增加到了二十萬美元。克洛克的成功，讓許多人加盟麥當勞。克洛克的麥當勞乘勢迅速擴張，從一九五五年的兩家，很快發展到一九五七年的四十家之多，麥當勞開始在美國小有名氣。

隨著逐漸地深入人心，麥當勞的股票於一九六五年四月十五日上市，一月後，就從最初的二二・五美元飆升到了五十美元。麥當勞股票獲得的成功，反映了它擁有的巨大的市場前景。股票的成功，極大地促進了克洛克的信心，他已經在開始為麥當勞制定更加宏偉的發展藍圖。

克洛克是一個非常有格調的商人，與其說他看重金錢，還不如說他更看重實現自我的價值。他把他的生命幾乎和麥當勞融為了一體，麥當勞是他的全部驕傲。他把麥當勞的服務標準──品質、服務、清潔、划算，以及「百分百讓顧客滿意」一直當作他的經營理念，或者說當作了做生意的一種信仰。也許正因為如此，一開始，麥當勞就顯示出了一種可以跨越地域的大氣。

經過不斷的發展，麥當勞從美國加州開始延伸，並且逐漸遍及全美。接著，克洛克開始攻佔美洲，繼而亞洲、歐洲。我們不妨跟著這個麥當勞，開始一次環球旅行。

在美洲：一九六七年六月，麥當勞在加拿大開張，這是麥當勞在美國以外的第一家連鎖店；一九六七年十一月，麥當勞在波多黎各開設了第一家連鎖店；二十世紀八十年代中期，麥當勞相繼在百慕達、委內瑞拉、墨西哥、阿根廷等國家和地區登陸。

在亞洲：一九六八年七月，麥當勞進入日本，當時，日本的麥當勞月營業額竟然超過了美國本土的麥當勞；一九七九年十月，麥當勞登陸新加坡，繼而菲律賓、馬來西亞、泰國和印尼等國；一九七五年一月，麥當勞來到香港；一九八四年一月，麥當勞登陸台灣，開張當年，其年營業總額就高達三百七十萬美元，一舉闖入麥當勞全球十大排行榜；一九八七年四月，澳門的麥當勞開張；一九九〇年十月，麥當勞來到中國大陸。

在歐洲：一九七一年八月，麥當勞荷蘭開張；一九七一年十一月，德國麥當勞開門營業；一九七二年六月，麥當勞進入法國，幾乎改變了法國人以前保持的喝咖啡的飲食習慣；一九七四年十月，英國的第一家麥當勞，成為麥當勞連鎖經營歷史上的第三千家餐廳；一九八八年，麥當勞來到匈牙利；一九九〇年，麥當勞登陸前蘇聯地區。

一九七八年，麥當勞已經在全球有了五千家分店了。一九八八年，麥當勞達到一萬家。直至今天，麥當勞在全世界六大洲一百二十一國超過三萬一千家的門市中心，全球總營業額高達一百零四億九千萬美元。麥當勞成為速食業名副其實的巨無霸。

如今，連鎖經營被稱為是「現代流通革命」的象徵。二十世紀中期以後，現代連鎖經營在已開發國家相繼取得了普遍的成功。世界上最大的商業零售企業美國沃爾瑪公司，二〇〇〇年銷售總額就達到了一千九百一十三億美元，超過了通用汽車公司。一家屬於傳統產業的零售企業，可以在銷售收入上超過「製造業之王」的汽車工業，其中的奧秘之一就是發展連鎖經營。而世界上著名的百勝集團，二〇〇一年即在全球一百多個國家擁有超過三萬兩千五百多家連鎖店，營業額達到兩百億美元，躋身於全球五百強之列。二〇〇二年百勝的全球營業額更高達三百三十億美元成為世界上最大的餐飲集團，其邊際利潤率也由三年前的一一%增加至一六%居世界餐飲業之首。正因為如此，連鎖經營才會被人們稱為商業經營的第三次革命。

在現代經營理念裡什麼是連鎖經營呢？它是指經營同類商品或服務的若干店鋪，以一定的形式組合成一個聯合體，在整體規劃下進行專業分工，並在分工的基礎上實施集中化管理，使複雜的商業活動簡單化，以獲取規模效益。連鎖經營，作為一種經營模式，是核心競爭力在連鎖成員間的合作和共生，及收益在連鎖成員間的合作和共生。對於加盟的連鎖商店，要有統一的經營理念，統一的企業經營形象，統一的商品與服務，統一的管理。

連鎖經營中最難於管理的是處理特許方與受許方的資本權益和經營權益的分配問題、跨地域分布的物流問題、資金調度問題、人力資源的招聘及培訓問題。連鎖經營也並不是都可以一帆風順的，比如麥當勞就曾經在巴西一度不被接受，家樂福在韓國就曾經出現過勞工危機，沃爾瑪也曾在南非受挫。總之，連鎖經營是企業擴張的雙刃劍，好則蓬勃發展，壞則毀於一旦。

品牌策略：我是和珅

首先我們說「我是和珅」這句話是一個品牌，就像我們現在知道的「可口可樂」、「大眾」、「迪士尼」、「肯德基」一樣。品牌是這個社會最創造財富的東西。而且有人說過這樣一句話：世界上的錢都讓「品牌」給吸走了。這話說來雖然有點誇張，但的確也道出了品牌的無限之魅力。

我們可以做一個假設，如果在一家電器專賣行的櫃檯上，擺著兩種類型的家電，一種是品牌貨，假如它是松下；另一類是本地產的名不見經傳的一般產品。這兩者的品質都一樣好，無所謂誰比誰強，但它們的區別是：松下產品的售價比本地產品高一〇%。也就是說，如果這款本地產品售價為四千元新台幣，松下的產品售價就為四千四百元新台幣。如果你恰好要買這類型的產品，你會選擇四千元新台幣的無品牌本地產品還是松下的電器？我們有理由相信：誰都願意多花四百元買個品牌貨，因為四百元不算貴。

美國一家社會調查公司在前不久公布了這樣一個調查結果：他們對本年度在美國註冊的新公司進行了一個調查，調查的內容是：你們公司發展的方向是什麼？結果，無論是註冊資金上千萬的大公司還是幾十萬的小公司，他們都不約而同地給了調查員同一個答案：創造自己的品牌！

就連幾百年前的和珅也擁有自己的品牌，那就是——我是和珅。

和珅是一個對財富特別傾心的人，這是毋庸置疑的，加上他還是一個有遠大目標的董事長，所以弄得當時滿朝文武——正直或不正直的員工們，無不對他咬牙切齒，恨不得炒他的魷魚。但不得不承認，包括皇帝都在變相地替他工作，因此下面的人誰還不努力工作，為他賺錢。而且，和珅的財富還在不斷地呈幾何級數滾動著。原因是什麼？原因就是和珅擁有「我是和珅」的品牌，他想不賺錢都難啊！

和珅品牌的形成，得益於當時的商業環境，一方面商業空前的繁榮，經濟飛速的發展，但另一方面清廷吏治腐敗，社會享樂成風。彼時，乾隆執政時期，由於祖上幾代的休養生息，財富累積，國庫變得殷實起來。此時號稱盛世，但其實盛極必衰，大清朝從乾隆帝統治時期尤其是晚期，已經開始走下坡路了，這是一個不爭的事實。和珅亦官亦商，在這個特殊的社會環境中樹立了自己獨特的品牌。

「我是和珅」意味著什麼呢？那就是別人辦得到的事我能辦到，別人辦不到的事我和珅也能辦到！這一點，不僅在滿朝文武面前得到一致認同，在老百姓面前得到認同，就連在皇帝面前也是一樣。他是怎麼辦到的呢？實際上，這與他善於包裝和宣傳，無限擴大自己在受眾心目中的形象地位不無關係。

一個新的商品面市，想要得到消費者的認同，最好的辦法就是用事實說話。封建社會的儒生，往往沒有了自己的人格，而屈從於權威。你越有權威就越正確，越沒有權勢，就渾身都是錯。憑著皇帝的恩典進入達官領域的和珅，開始的時候並不能取得周圍那些老臣與科舉取士進入朝廷的讀書人認同，和珅明白，想要讓他們心服口服，首先就要用事實說話，讓自己的威信樹立起來。首先他透過王錫侯的《字貫》一事，大興文字獄，大家都是讀書人，讀書人找讀書人的問題，斷章取義，橫挑豎挑，總會找到一些問題，並且將乾隆皇帝遊說到位，向全國頒發了嚴苛的查銷禁書詔書。不久，全國掀起了查禁的風潮，史載，乾隆朝共禁毀書籍三千一百多種，十五萬一千多部，銷毀書板八萬塊以上。於是，文人騷客對文字獄聞風喪膽，草木皆兵，人人都不敢輕易著書，和珅正是這次浩劫的推波助瀾之人。和珅做完此事之後，朝中無人不知他的嚴酷無情形象，再也沒人敢輕視他，相反的，個個對他畏懼三分，生怕哪天他會找自己麻煩。

此外，和珅的才學也是他樹立品牌的重要砝碼。由於清朝統治範圍內有許多少數民族，同時，西方許多國家也開始與大清交好，外交活動越來越頻繁，外交人才的需求也是迫在眉睫，而語言能力超群，形象出眾，舉止瀟灑的和珅從眾多傳統文人中脫穎而出，特別是他所熟練掌握的滿、漢、蒙、藏四種語言，使許多對他有微辭的官員不得不望其項背，唯有佩服而已。

乾隆四十五年（西元一七八〇年），正值為乾隆七十大壽而忙碌的時候，西藏六世班禪呈來一封書信，信用藏文寫成。乾隆掃視眾臣，希望有人能來讀一讀。眾大臣面面相覷，不得要領。這時，和珅從眾臣之中走出，取信讀道：「小僧自幼仰承文殊菩薩大皇帝拳養之恩，不勝盡數，非他人所能比，小僧乃一出家之人，無以極彌，雖然每日祝禱文殊菩薩大皇帝，金蓮座億萬年牢固，並讓眾賴喇等奉經祈禱，但仍時時企望覲見，文殊菩薩大皇帝庚子年為大皇帝七旬萬萬壽。欲往稱祝，特致書大皇帝膝前，以達敬意。」原來，六世班禪為表示對乾隆的敬意，準備在乾隆七十大壽的時候，親自帶領喇嘛來京給乾隆頌經祈福。

乾隆聽了非常高興，「人生七十古來稀」，七十大壽本人生一大事，而班禪前來頌經祝壽，此舉無異於錦上添花。於是，他讓和珅用滿、漢、藏三種文字擬定詔書，邀請六世班禪在他大壽之日到熱河來。

在乾隆之前，除了康熙年間五世達賴曾經進京面聖之外，還沒有哪一位活佛走出過西藏的雪域高原，而乾隆信奉的本就是藏傳佛教，因此他對班禪此行非常重視，特地下令給班禪擇地修廟。因為和珅這次的表現非常出色，加上乾隆也知道和珅也和自己一樣信奉喇嘛教，因此就把這個任務交給他。

和珅親往熱河，仔細勘探地形，並特別強調在圖樣設計中要突出西藏喇嘛教黃廟的風格，設計規模非常大，風格富麗堂皇。和珅抓緊調配人力、物力、財力，不到一年時間，給班禪修建的「須彌福壽之廟」就告成功。乾隆非常高興，對和珅大加封賞。從這件事上，和珅充分顯示了他的才學和外交能力，使大家刮目相看。

但在市場競爭中，僅僅樹立起自己的地位是不夠的，還要做到讓消費者常常掛念，使自己的地位成為消費者心目中不可取代的角色，做到這一點，就可以算得上是成功的產品宣傳了。

和珅的地位因其位高權重而不可能被忽視，這是自然的，但是在資訊傳播不發達的古代社會，還是有很多真實的資訊被掩蓋，特別是一些地方官員和商人，僅僅耳聞和珅的強大氣勢，但是究竟是怎樣的情形，還是難以目睹，因此往往不清楚和珅的真實身價。於是，和珅採用的策略便是讓地方官商的期待心理繃緊之後再得到滿足，而且採用的方式不是直接表達的方式，而是讓他們去觀察他與皇帝的關係，以及其他知情官員對和珅的態度，以間接的宣傳方式，讓不瞭解的人產生更多的神秘感與崇拜感。

比較典型的例子是乾隆第五次下江南的時候，民間傳聞，和珅事先通知當地的主要官員準備了一位千嬌百媚的女子來迎接乾隆皇帝，結果皇帝在過去的幾天之內，便一直待在遊玩的畫舫中，任誰也不見。在和珅的授意下，那些地方官員也不敢前去打攪，但是不去拜見又覺得不夠尊敬，因此每天都待在岸邊等著皇帝能召見，可是每天皇帝只是偶爾與和珅在船的甲板上談笑風生一下，其他的官員一個都沒有接見。這些南方的官員此時對和珅實在是充滿了無限的崇拜之情，和珅的自我宣傳效果也完滿達到了，從此以後，只要有他指示，這些官員無不唯命是從，對他可謂極盡巴結與諂媚。

好的商業操作往往不是追求個體的成功，而是追求規模效益的整體成功，多種宣傳用某個主題串放到一起，相互借助對方的效果，最終多方受益，實現雙贏甚至多贏，才是完美的結果。現代的行銷思路已經逐漸朝向多元化方向發展，而幾百年前的和珅早就已經將這種方法運用嫻熟了。

和珅在操作個人品牌的同時，還兼顧到了幾方面利益，首先是一定要保證自己可以贏利，沒有利潤空間的工作，做了也是倒貼，最終會失去宣傳的實質意義，在和珅所做的眾多自我宣傳中，沒有一項不是衝著自己的實質利益來的，他要升官，要得到周圍人的確認與尊重，要獲得更多的財富，宣傳是不可避免的。其次就是保證自己的客戶高度滿意，效忠皇帝就要讓皇帝隨時感覺到的核心位置，感覺到主角的色彩，自己雖然貌似隱身幕後，但卻因為宣傳的獨特性而被人不斷惦記。

乾隆六十年，年邁的乾隆皇帝已經八十五歲高齡，按照他年輕時許下的諾言，他準備在這一年，把皇位傳給皇十五子永琰。上諭發布之後，舉國上下開始準備第二年元旦的禪位歸政大典，因為禪讓的典禮史無前例，如何辦得隆重，莊嚴、冠冕堂皇顯示出乾隆帝的仁君風範，是和珅非常注重的基調，而他自己在策劃上也著實花了許多心思。

在資金方面他讓很多地方官商捐贈，在具體形式方面他竟然想到「千叟宴」的構想！大典那天，只見近千名白髮老者濟濟一堂，同慶同樂；在北方嚴寒時節，一千五百五十多個火鍋，共同點火，火鍋裡劈啪燃燒著紅紅的炭，鍋中沸騰著鮮美的濃湯，為整個宴會營造出了強烈的喜慶氛圍。一時之間，將乾隆皇帝統治下，四海升平，百姓仁壽，以及他老人家歸政禪位、年高德勳的寓意全部展現了出來，讓乾隆非常滿意。

和珅透過宣傳和包裝，他的品牌策略取得了空前成功。朝野上下，莫不以追捧「和珅」品牌為潮流。從和珅身上，我們再一次看到了品牌的「殺傷力」，現代商學上講，品牌廣義是指一種滿足需求、進而區別文化資產，而狹義主要是指在經濟領域，進行差異行銷的一種無形資產。品牌，作為一種商業文化，它獨具魅力，既讓人神秘嚮往之，又擁著豐富內涵，這絕不是一種單純特質。品牌魅力就是一種能力，它可以透過產品與消費者之間情感以及理智上的相互接觸，來達到對消費者產生積極的影響，品牌魅力就是一種影響力，一種感染力，一種吸引力。綜觀當今消費主流，如萬寶路、嬌生、微軟、迪士尼、索尼等無不如此。

歷史的真諦：顧客就是上帝！

站在十八世紀的和珅，不管怎麼說，他都創造了一個財富的奇蹟。身為和珅集團的董事長，也許彼時他還不知道有這樣一個現代經營理念——顧客就是上帝。然而，如果說他的一生是一盤商業的棋局，他卻是在自覺地不斷使用這個理念來增加自己的博弈力量。

和珅對乾隆這個最大的商業客戶百般逢迎，當了一輩子的奴才，為什麼？因為他知道顧客是上帝，並且這個上帝是我們商家用來頂禮膜拜的。和珅收受賄賂，為「顧客」精心服務，千方百計為其辦好事，同樣是視顧客為上帝的表現。和珅開著那麼多家公司，幾乎涉及商業的各個領域，並且發展迅疾，如果無法抓住市場上的顧客，他怎麼發展？又怎麼賺錢呢？

顧客就是上帝，在那樣的時代，和珅集團可以取得令世人矚目的成功，這與他自覺為其「企業」注入這種經營理念是分不開的。

其實，世界歷史上曾經出現過許多的商業奇才、企業英雄，他們有不同的創業經歷、榮辱興衰，達到過不同的事業巔峰，但有一點其實他們都是相同的，那就是他們都視顧客為上帝，以顧客為中心向世界畫圓。他們做夢都想把自己的產品銷售給每個人，渴望自己的產品得到每個顧客的承認。如果我們要問他們為什麼會成功，怎樣經營才會成功，也許他們只會告訴我們一個最簡單不過的道理：抓住你的顧客！讓你的顧客永遠滿意！

事實上，每個商業領導人都不希望得罪顧客，他們要求自己的員工要善待顧客，關注顧客的反應，以最完美的服務來贏得顧客的「心」，以此來擴大自己的發展。幾乎所有的公司都有這樣無情而苛刻的做法：一旦發覺有員工得罪顧客，這個員工立即就得走人。因為他們深知，只有顧客才是你賺錢的唯一來源。贏得顧客的滿意，把顧客奉為上帝，這不論在哪一個行業，不管在什麼時代，其實都是不變的主題。

關於這一點，美國貝爾公司曾經有一段精彩的闡述：「我們將傾聽他們的聲音……瞭解他們關心的事情……顧客是我們的命根子……是我們存在的全部理由。我們必須永遠銘記誰是我們服務的對象。」無獨有偶，松下公司也非常強調這種「聆聽上帝的聲音」的客戶管理理念。他們透過對市場的調查，來瞭解顧客對其產品和服務品質的反映，以此來修整和改正自己的銷售策略、發展計畫。

魯柏・梅鐸被認為是一個非常霸道的行銷高手，一個典型的投機取巧的商人，他採用的手段在行家看來是「不知羞恥的強行推銷」，然而梅鐸總是成功。許多人都很懷疑顧客為什麼會接納他，然而正好相反的是，梅鐸的客戶遍及全球，他的產品也深入每個顧客的心中。這是因為梅鐸非常瞭解自己的顧客，清楚地知道他的顧客們喜歡什麼和不喜歡什麼，他還知道他們需要什麼。梅鐸總是可以在顧客的需要上看到自己的市場。如他旗下的《太陽報》，自他接手後開始大肆在該報上刊登袒胸露乳的女模特兒，以及索然無味的文章，雞毛蒜皮的明星花邊新聞，起初倍受大家指責，然而顧客喜歡，於是《太陽報》成就了梅鐸的成功。和珅也同樣如此，在他的那個時代，他瞭解顧客的需求，可以聽到顧客的心聲。和珅瞭解乾隆，乾隆需要錢，他給他弄，乾隆想下江南玩，他陪他去，乾隆愛好古玩，他獻上，乾隆喜歡盛典，他給操辦，大凡乾隆喜歡的，他都喜歡；和珅瞭解下面那些官員們，他們需要升官，他給他們弄，他們需要花錢免罪，他替他們著想，發明了「議罪銀」制度，他們貪汙，和珅幫他們遮掩。那時候的上自王公大臣下至百姓子民尚古成風，喜好古玩，和珅就開古玩鋪子。那時候百姓消費經常過度透支，需要資金周轉，即使是王公大臣也有手頭拮据的時候，那好，和珅為你開當鋪。和珅聽到顧客的一個個聲音，因此一次次地增加投資項目，發展和擴大了他公司的經營規模。

世界商業歷史上有許多關於顧客至上、以客為尊的經營理念。這些理念成為一代代從商者學習的典範。一八八六年，美國新港新聞造船和碼頭公司的創始人杭亭頓在他的造船廠，題下了一段文字：「我們要造好船。如果可能，賺點錢。如果必要，賠點錢。但永遠要造好船。」正是憑著這種賠錢也要造好船的經營理念，杭亭頓才可以以雜貨店起家，繼而在鐵路和造船業上走向了事業的輝煌。

晚清的紅頂商人胡雪巖也同樣承秉「造福顧客」這個方針，因此他於光緒四年胡慶餘堂立業之時就立下了「戒欺匾」。匾文字字句句都見出他對顧客的體貼關懷：「凡百貿易均著不得欺字，藥業關係性命，尤為萬不可欺。余存心濟世，誓不以劣品弋取厚利，唯願諸君心余之心，採辦務真，修制務精，不至欺余以欺世人，是則造福冥冥，謂諸君之善為余謀也可，謂諸君之善自為謀亦可。」這塊「戒欺匾」至今還掛在這家百餘年的老店裡，成為胡雪巖足可流芳百世的經營理念。

世界著名的嬌生公司，其經營理念幾乎與胡雪巖一樣：「我們相信：本公司最重要的就是要對用我們產品的醫生、護士、和病人負責。」一九八二年，嬌生公司曾經發生過一個精神病人在其產品中的投毒事件，導致五人死亡。面臨這個危機，嬌生公司立即召回所有產品，並且積極向顧客發布相關消息。這件事情後，公司反而因禍得福，其產品的形象也深深地印入了顧客的心中。

正是上面這種對顧客極端負責的精神、服務至上的態度、貨真價實的產品，成就了一個個商業奇才，在他們的經營理念下，創造了一個個商界的神話。

顧客是上帝，其實是兩個方面，它不僅僅是說經商者對產品品質的重視、對客戶的服務、從服務和產品品質上讓顧客滿意，另一方面，其實它還指顧客在滿意的情況下，來購買和自動推銷你的產品，進而參與建設你的企業大廈。如果一個企業沒有顧客的參與建設，註定是無法走遠的。反之，要得到顧客的參與性建設，我們就得讓顧客滿意。顧客滿意是一種心理上的感覺，是顧客的需求被滿足後的愉悅感。進一步說，顧客滿意就是顧客透過體驗企業的環境，消費企業的產品，享受企業的服務，付出企業要求的價格等，以及在購買企業的產品後顧客繼續體驗產品為其帶來的滿意程度的過程，最後所得到的一個全面的整體的心理愉悅的感受。

賓士汽車公司為什麼會這樣成功呢？一是對產品品質的重視，他們賣給顧客都是品質優良的產品。此外，還有一個極其重要的原因，那就是他們千方百計讓顧客滿意，他們始終堅持「顧客要求第一」，「廣為顧客服務」等經營方針。顧客在得到滿意的同時，又無形中不斷地參與到他們的建設中來，就這樣，才鑄就了一個世界的品牌。

戴爾在整個經營理念中：在銷售策略方面一直堅持的最基本原則就是「一切以顧客為中心」，他們的產品完全以顧客滿意為準繩，其產品也讓顧客來參與設計；在服務策略方面，他們一直奉行「服務至上」原則，上門維修服務、線上服務、針對性服務，從公司創辦到今天，這個原則都被戴爾公司完美的詮釋著。正因為如此，戴爾，一個僅創建了十九年的公司，在世界電腦領域取得了巨大的成就，對於每個人或者說他的每個用戶來說，他都是一個值得崇拜的創造了奇蹟的偶像。

麥當勞滿足顧客對方便快捷生活方式的需求，他們的連鎖店遍布全世界。然而他們的成功，堪稱其產品讓顧客滿意進而讓顧客參與建設，在全球廣為流傳，成為一種大眾消費潮流的典範。「麥當勞不僅僅是一家餐廳」，這句話精確地涵蓋了麥當勞集團的經營理念。遍布全球的麥當勞餐廳傳達給顧客的是歡樂和美味，還有讓「顧客百分之百滿意的服務」。從延續了五十多年的「常常歡笑，嘗嘗麥當勞」，到二〇〇三年的「I'm loving it」（中文版：我就喜歡），無一不是在試圖讓顧客百分百滿意，讓顧客百分百參與。

必勝客，是百勝旗下全球著名的休閒餐飲品牌之一，在世界九十多個國家有一萬二千多家連鎖餐廳，它的「必勝客歡樂餐廳」餐飲模式幾乎和麥當勞有相似的地方，那就是一種全新的，以「歡樂、休閒、舒適、情趣、品味」為主題的餐飲概念，使顧客在用餐的同時，可以享受一個社交休閒的機會和一份放鬆的心情。和麥當勞一樣，必勝客也不僅僅只是一家餐廳，他們要傳達的，是他們的服務，他們的經營理念，甚至還有一個世界品牌的文化。

「水能載舟，亦能覆舟」。美國有一家縫紉機公司，在七〇年代曾經紅極一時，可是到了七〇年代末期，因為許多家庭主婦都進入職場工作，不再在家縫製衣服，也就是說，他們的產品已經無法讓顧客滿意了，因此他們遭到了市場的淘汰。可見，顧客的滿意程度很有可能決定了我們一個產品市場的大小，進而決定一個企業的生命力。

當和珅一次次盤點他的財富的時候，也許他會微笑：辛苦沒有白費，卑躬屈膝的服務沒有白費。忍著別人唾罵敢以首輔之尊去經商的和珅，總算成就了他夢寐以求的巨富的事業。如果現在你還要問和珅的經營理念，他會回答你一句什麼話呢？

其實很簡單，只要一句話就夠了。

那就是，讓顧客滿意，因為顧客永遠是上帝……

附錄

和珅年譜

和珅——鈕祜祿氏，正紅旗滿洲人。

乾隆十五年（一七五〇年），一歲，和珅出生。

乾隆十八年（一七五三年），四歲，其弟和琳出生。

乾隆二十七年（一七六二年），十三歲，在這前後的幾年時間裡，和珅、和琳兄弟離開私塾，考入咸安宮官學讀書。

乾隆三十二年（一七六七年），十八歲，與大學士英廉孫女馮氏結婚。

乾隆三十四年（一七六九年），二十歲，十二月，以文生員身分，承襲三等輕車都尉。

乾隆三十七年（一七七二年），二十三歲，十一月，授三等侍衛。

乾隆四十年（一七七五年），二十六歲，十一月，擢御前侍衛，授正藍旗滿洲副都統；長子豐紳殷德生。

乾隆四十一年（一七七六年），二十七歲，正月，授戶部侍郎；三月，在軍機大臣上行走；四月，授總管內務府大臣；八月，調鑲藍旗滿洲副都統；十一月，任國史館副總裁，賞戴一品朝冠；十二月，總管內務府三旗官兵事務，賜紫禁城騎馬。

乾隆四十二年（一七七七年），二十八歲，六月，轉戶部左侍郎，並署吏部右侍郎；十一月，兼任步軍統領。

乾隆四十三年（一七七八年），二十九歲，正月，因徇私舞弊被降二級留任，旋監督崇文門稅務，總管行營事務。

乾隆四十四年（一七七九年），三十歲，八月，御前大臣上學習行走。

乾隆四十五年（一七八〇年），三十一歲，正月，赴雲南查訊按察使海寧控告總督李侍堯案，回京的路上，升戶部尚書，旋命在議政大臣上行走；五月，實授御前大臣，補鑲藍旗滿洲都統，其子被賜名豐紳殷德，指為十公主之額駙；六月，授正白棋領侍衛內大臣；十月，充四庫館正總裁，兼辦理理藩院尚書事。

乾隆四十六年（一七八一年），三十二歲，四月，以欽差大臣身分，前往甘肅平亂；十一月，兼署兵部尚書；十二月，管理戶部三庫。

乾隆四十七年（一七八二年），三十三歲，二月，以軍機大臣審辦甘肅鎮迪道巴彥岱，受賄徇隱事，降三級留任；八月，加太子太保銜；十月，任經筵講官。

乾隆四十八年（一七八三年），三十四歲，六月，賞戴雙眼花翎；十月，任國史館正總裁；十一月，任文淵閣提舉閣事。

乾隆四十九年（一七八四年），三十五歲，三月，調補正白棋滿洲都統；四月，任清字經館總裁；七月，再予輕車都尉世職，旋調吏部尚書，協辦大學士，兼管戶部；九月，因平回亂功議敘，封一等男。

乾隆五十一年（一七八六年），三十七歲，閏七月，授文華殿大學士，仍兼管吏部戶部事；九月，因徇私被降二級留任。

乾隆五十三年（一七八八年），三十九歲，二月，封三等忠襄伯，並賞用紫韁。

乾隆五十四年（一七八九年），四十歲，四月，任殿試讀卷官；五月，任教習庶起士。

乾隆五十五年（一七九〇年），四十一歲，正月，加恩賞給黃帶。

乾隆五十六年（一七九一年），四十二歲，四月，作為管庫大臣因護軍海旺等盜竊庫銀案，有失察之則，交部議處，降一級抵消。

乾隆五十七年（一七九二年），四十三歲，九月，廓爾喀亂平，因軍功加三級；十月，兼翰林院掌院學士，任日講起居注官。

乾隆五十八年（一七九三年），四十四歲，任教習庶起士，兼管太醫院及御藥房事務。

乾隆五十九年（一七九四年），四十五歲，二月，庫內吉林人參數量稀少，和珅瞻顧遷延，未即擬旨，降二級留任。

乾隆六十年（一七九五年），四十六歲，四月，任殿試讀卷官；五月，任教習庶起士；九月，刑部理藩院於蒙古台吉圖巴棨布兇殘一案未先具奏，和珅以管理理藩院又軍機書旨，始終加以庇護，降三級留任。

嘉慶元年（一七九六年），四十七歲，正月，調正黃旗領侍衛內大臣；六月，調鑲黃旗滿洲都統。

嘉慶二年（一七九七年），四十八歲，兼理刑部，退去戶部事，旋以軍需報銷，仍兼理戶部。

嘉慶三年（一七九八年），四十九歲，晉公爵。

嘉慶四年（一七九九年），五十歲，被諸臣參奏，以「二十大罪」被賜自盡。

海鴿文化出版圖書有限公司
Seadove Publishing Company Ltd.

古學今用 168

和珅
一個非常有錢的人

作者　蜀南麥子
美術構成　騾賴耙工作室
封面設計　九角文化設計
發行人　羅清維
企畫執行　林義傑、張緯倫
責任行政　陳淑貞

出版　海鴿文化出版圖書有限公司
出版登記　行政院新聞局局版北市業字第780號
發行部　台北市信義區林口街54-4號1樓
電話　02-27273008
傳真　02-27270603
e - mail　seadove.book@msa.hinet.net

總經銷　創智文化有限公司
住址　新北市土城區忠承路89號6樓
電話　02-22683489
傳真　02-22696560
網址　www.booknews.com.tw

香港總經銷　和平圖書有限公司
住址　香港柴灣嘉業街12號百樂門大廈17樓
電話　（852）2804-6687
傳真　（852）2804-6409

CVS總代理　美璟文化有限公司
電話　02-27239968　e - mail：net@uth.com.tw

出版日期　2024年01月01日　二版一刷

定價　320元
郵政劃撥　18989626戶名：海鴿文化出版圖書有限公司

國家圖書館出版品預行編目資料

和珅，一個非常有錢的人
／蜀南麥子作；--二版，--臺北市：海鴿文化，2024.01
面；　公分.　－－（古學今用；168）
ISBN 978-986-392-512-5（平裝）

1. 成功法　2. 財富

177.2　　112021146